MANAGEMENT MANAGEMENT MANAGEMENT MANAGEMENT

マネジメントからの発想

永野孝和 【編著】

MANAGEMENT MANAGEMENT MANAGEMENT MANAGEMENT

● 社会問題へのアプローチ

学文社

プロローグ

1 全体から各論へ

　「次をどうするのか」はすべての企業にとっての悩みであると同時に経営にとって大きな課題である。現在が悪ければなおのこと，良い時でもそれがいつまでも続くものではないが故に，たえざる「事業の革新」が必要である。

　本書のタイトルでもある"マネジメントからの発想―社会問題へのアプローチ"は，私と所教授（本書執筆者）が長年温めてきたテーマでもある。

　2005年の『中小企業白書』にある一文章，「約10年前から主力事業が変わっていない企業は，企業規模の大きさにかかわらず，約半数しかない」，「顧客層（取引先）との関係が大きく変化している。数十年におよんで取引関係が続いている常連客によってもたらされる収益割合が低下している」という部分に，われわれは現実の事業革新とリスクというマネジメントの大いなる発想の存在に気づいた。そこで，今研究の枠組みを広げれば，もっと違った視点でテーマに迫られるのではと考えるに至った。厳しいグローバル競争を生き抜く企業の今後，求めている新しいマネジメントの発想はどのようなものか，そのあり方について，まずは国士舘大学の同僚研究者が集まり意見交換をしようと思い立ったのが本書のスタートである。

　編著者（永野）の役割は，研究会に参加したメンバー各自の専門分野で書いてもらったものを『マネジメントからの発想―社会問題へのアプローチ』という表題のテーマに即したものとするため，全体の整合性を図ることであった。

　結果から先にいえば，表題テーマへの問題意識・パースペクティブが執筆メンバーに十分に浸透せず，新しいマネジメントへの発想というパラダイム構築は必ずしも十分ではなかったかもしれない。しかし，本書の良い点は，現代企業の構造と多面的な企業活動を対象とした経営学の「全体像」に迫り，経営学がきわめて幅の広い学問であることを示せたことにあると考える。また，「経営学は総合科学」の趣にふさわしく，経済学，社会学，工学，心理学，会計学な

ど学際的でしかも境界線で深く関わりをもったものまでとりあげることができたため，はじめて経営学を学ぶ学生や社会人にとって読みやすい教材になったのではないかと自負している。このことから，今回の出版の位置づけは，表題のテーマを追究していくための前段階と考えた方が全体像も理解しやすくなる。

いずれにしても独自の理論体系を構築するために少しずつ段階を踏んでいかなければならないことが，おわかりいただくことと思う。

本の構成は，全体を2部に分け，1部にマネジメントの基本概念とその理論を，2部では社会問題へのアプローチをテーマとして扱っている。

1部の内容は，1章：マーケティングの考え方→マーケティング論，2章：人的資源管理システムの変革→人的資源管理論，3章：日本の生産システム→生産管理論，4章：日本の株式会社→企業形態論・企業金融論，5章：経営分析の理論→経営分析論，6章：CSR経営の展開→経営組織論・環境経営論，等々に伝統的に認められた，あるいは今日，比較的広く認められている基本的な各分野である。

2部の内容は，7章：日本の企業統治→企業形態論・経営管理論・企業金融論・商法，8章：M&A（吸収と合併）の展開→企業金融論・証券市場論，経営財務論，9章：若年失業者問題→人的資源管理論・経営心理学，10章：大学改革の経営→経営組織論・経営管理論・経営戦略論，であるが，これらの基本的な各論分解に進んでみると，そこにはすべて過去からの蓄積として多くのテーマが取り込まれていて，下位レベルの各論ともいうべきものが形成されているのである。

2　基礎から応用へ

新しい理論が次から次へとうまれては消えいくのも経営学の世界である。多くの理論が，現実の企業経営に適用されることもなく，消化不良のまま過去のものになっていく。本物の理論だけが残り，それがやがては古典として歴史を超えて後の時代に語りかけてくれることになる。話題の新理論もそれが本物であればかならず生き残る。本物の理論を学んだならば，いよいよ応用レベルへ

の学習に進もう。基礎学習および発展的な理論学習の目的がもっぱら経営学の理論を通じて，企業社会を理解する能力—理解力—を習得することにあったとすれば，応用学習の目的は企業経営上の課題を解決する能力—問題解決能力—を学習することにある。経営問題解決のプロセスは①問題発見→②状況分析→③解決策の追求→④解決策の決定→⑤解決策の実行という手順で進む。

　わが国企業は，リストラや選択と集中を終え，事業の強化や海外市場の拡大といった成長フェーズに入った。こうしたなか，グローバル企業間競争に激しくもまれて，企業が急速に進化している。激しいグローバル競争に勝ち抜き，成長し続ける企業には特徴がある。第1は，企業のトップが高い経営ビジョンを掲げ，自ら行動し，従業員の士気を高め，人材教育に努めている。第2に，優れた技術開発力，第3に，市場のトレンドを見据えた効率的な技術開発戦略と，事業を守り，発展させる知財戦略がある。第4には，顧客を大切にする姿勢，成長し続ける世界市場をターゲットにしたグローバル戦略，第5には，経営ビジョンを実現させる組織力，変化を好み，変化をチャンスに変えるチャレンジ精神，常に成長し続ける企業文化を維持・発展させる能力があることである。

　厳しいグローバル競争を生き抜く企業は，今後もこれらの経営力，生産力，技術・知財力，販売力，組織力を極限までたかめていくことになるだろう。戦略を誤った企業，これらの能力を失った企業が競争から脱落することになる。現実の経営はこのように多くの制約条件のなかで展開していかざるをえないから，理論どおりにはいかない。現実の企業経営が少しでもあるべき姿に近づけるよう，責任をもって努力することが経営学を学習した者の使命ではないかと思っている。その意味で後進の中堅・若手研究者たちには『マネジメントからの発想—社会問題へのアプローチ』というテーマを絶やすことなく苦しみながらもひとところに止まることなく研究を続けてもらいたい。

2005年12月

編著者　永　野　孝　和

目　次

プロローグ　1

第1部　マネジメントの基本概念と理論

第1章　マーケティングの考え方 …………………………………… 9

はじめに　9
1　マーケティングとは何か　10
2　マネジメントの要請　17
3　マーケティングの実践　24
4　実践上4つのPがかかえる問題の指摘　27

第2章　人的資源管理システムの変革 …………………………… 33

はじめに　33
1　日本的人的資源管理システムの形成　34
2　変化の背景と新しい人的資源管理　36
3　従業員意識の分析　39
4　変革への不適応　43
5　人的資源管理のあり方　46

第3章　日本の生産システム ……………………………………… 51

はじめに　51
1　生産管理の基礎　52
2　トヨタ生産方式の2本柱と継続的改善活動　56
3　多品種少量生産　63
4　企業を超えた生産管理システム　68
5　日本的生産の特徴　70

第4章　日本の株式会社 …………………………………………… 75

はじめに　75
1　日本の株式会社制度　76

2　株式会社の経営機構　80
　　3　新しい会社法　83
　　4　株式の上場　85
　　5　企業集団　87
　　6　株式の所有構造　90

第5章　経営分析の理論 …………………………………………99

　はじめに　99
　　1　経営分析とは　99
　　2　経営分析における質的データと量的データ　104
　　3　損益計算書と貸借対照表の基本構造　105
　　4　収益性分析　107
　　5　回転率と回転期間　109
　　6　安全性分析　111
　　7　生産性分析　112
　　8　成長性分析　114
　　9　損益分岐点分析と資本回収点分析　116
　　10　キャッシュフロー分析および企業価値分析　118

第6章　CSR経営の展開 …………………………………………121

　はじめに　121
　　1　CSRとは何か　122
　　2　CSRのポートフォリオ　127
　　3　CSRと組織能力　132

第2部　社会問題へのアプローチ

第7章　日本の企業統治 …………………………………………143

　はじめに　143
　　1　企業をとりまくステークホルダー　145
　　2　日本企業の経営パフォーマンス　147
　　3　コーポレート・ガバナンスに関するアンケート調査　148
　　4　ストック・オプション制度　151
　　5　実証分析　154
　　6　今後のガバナンス改革　158

第8章　M&Aの展開 ……………………………………………163

はじめに　**163**
1　M&Aの目的　**163**
2　M&A取引の方法　**164**
3　日本のM&A　**167**
4　買収価格の算定　**172**
5　敵対的買収　**175**
6　買収防衛策　**177**
7　M&Aの将来　**179**

第9章　若年者失業問題 ……………………………………………181

はじめに　**181**
1　ニート・フリーターが問いかける社会問題　**182**
2　若年者失業問題に対する行政の取り組み　**186**
3　キャリア教育の必要性　**192**

第10章　大学改革と経営 ……………………………………………201

はじめに　**201**
1　大学が担う使命　**202**
2　改革改善を遅らせている要因の分析　**204**
3　大学改革のネックとなる組織運営体　**206**
4　大学の経営　**214**

エピローグ　**223**
索　引　**225**

第1部　マネジメントの基本概念と理論

第1章　マーケティングの考え方

はじめに

　マーケティング・マネジメントは，かつて，多くの技術革新と生産力の増大によって，大量生産が行われた結果，それによって生み出された製品を，いかに大量に，消費に結びつけていくか，企業にとってきわめて重要な問題であった時代からいくたびかの市場の変化をへた結果，企業経営のなかにマーケティングの重要性が認識され，市場に対応するような数々のマネジメント手法が考え出されて今日の隆盛をみるに至っているが，時代の変化は顧客志向から顧客維持へと完全に移り変わり，新たなマネジメントが要請されるようになっている。では，マーケティングとは何なのか，誰がそれを行っているのか，定義づけはできないまでも鍵となるマーケティング活動が市場調査，製品計画（商品計画），販売，広告，販売促進，販売経路，物流などの諸機能を巧みに組み合わせた業務活動だろうという程度のこと（＝一般的に「マーケティング・ミックス」と呼ばれている）は誰もが知っている。このマーケティング・ミックスを構成する種々の活動を明確に把握し，最大限の成果が生まれるようコーディネートする仕事を担っているのがマーケティング・マネジャーである。

　マーケティング・マネジャーは，他にも仕事全体を通し，自社の政策なり，活動を実施する際には常に柔軟な考えで臨めるような社員を訓練する役目ももっている。したがって，一貫してマーケティング手段と政策を創造的に組み合わせする仕事はどれひとつとっても容易ではなく思考の範囲を超えるものであるといえよう。

一方でマーケティング実施のプロセスには人の知的興奮を掻き立てる何かがある。マーケティングの仕事に関係する人々が現状に満足せず，それまで何も感じていなかった現象に疑問を抱え，知恵の使い方をもっと工夫することで，よりよい環境もつくりだせるはずである。このことから毎日の仕事に埋没することなく仕事とはかけ離れたまったく関係のない多くの本を探し，それを読み短い文章でメモに纏め，頭のタンクに格納しておくという知的な遊びとして思考法のツリーという訓練に時間を割くことを薦めている。

1 マーケティングとは何か

1-1 マーケティングの定義について

マーケティングとはよく聞く言葉である。顧客に商品を提供する経路をマーケティングということもあれば，企業が商品をつくるために調査をすることもマーケティングである。ブランドという言葉で企業の値を高めようとする行為もマーケティングである。それぞれ，マーケティングチャネル，マーケティングリサーチ，ブランドマーケティングなどと呼ばれているが，それでは"マーケティング"というものを理解するために何を手がかりとすればよいのだろうか？

マーケティングの定義・考え方についていろいろな解釈があるため，歴史的にみていった方が理解も早い。最も定着している見解として1960年 AMA (America Marketing Association) が発表した定義が有名である。それによれば「マーケティングとは，生産者から消費者あるいはユーザーに，商品やサービスの流れを方向づけるビジネス活動の遂行である。」というものである。

ここでは，マーケティングをいわゆる生産された商品もしくはサービスを，生産者から消費者まで運ぶ，配給論的に位置づけているのが特徴である。つまり，モノがない頃の市場経済を前提にした「つくれば売れる」という発想のマーケティングをいっている。

一方，30年後の1990年，わが国では社団法人日本マーケティング協会（JMA, Japan Marketing Association）が次のような見解を示している。
　「マーケティングとは，企業および他の組織がグローバルな視野に立ち，顧客との相互理解を得ながら，公正な競争を通じて行う市場創造のための総合的活動である。」
　ここでは組織の解釈，グローバルな視野，顧客の解釈，公正な競争と市場創造のための総合的活動の必要性が提示されている。ここで顧客との相互理解と公正な競争を通じてという概念から指摘されることは，マーケティング活動が，生産者・メーカーなど企業や事業体の一方的な活動（one way marketing, interactive marketing）を重視し，バブル経済崩壊などにみられる過度の競争を防止するバランスの取れた公正な競争を通じて，総合的に市場創造を図るということである。
　図1-1は，企業と企業をとりまく利害関係者（Stakeholder）を表している。狭義のマーケティングは，企業と顧客・消費者の関係を論じるものであるが，その活動は利害関係者のすべてに影響を及ぼすことになる。
　たとえば，商品開発をするとき，販売の見積もりを考えなければならないが，同時に利益の水準も考えなければならない。そのとき，企業はどのような利益水準を出せばその商品開発にOKを出すのだろうか？　それを知るためには，企業の株主・債権者との関係を知らなければならない。株主が求める利益水準はどの程度なのか？債権者への利息の支払い利率はどの程度なのか？　そして，そのために企業内部では，商品開発に対して，どのような基準を設けているのか？　それらは，すべてマーケティングに必要な事項である。
　このように考えるとマーケティングを定義することは困難だ，ということになる。しかしながら，マーケティング活動を特定し，その変化を先達たちがどのようにとらえているかをみていくことはできるだろう。
　つまり，マーケティングに関してわかることは，結果的には
- マーケティングの守備範囲は広範なものであり，一義的に定義することが難しい。

12　第1部　マネジメントの基本概念と理論

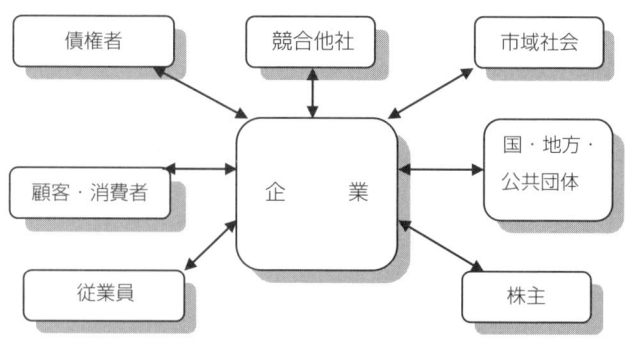

図1-1　企業をとりまくステークホルダー

- どうしても定義するのであれば，それは企業活動そのものになってしまう。

逆に，「これはマーケティングではない」という消去法をとったら誰でもが納得しやすく理解できるかといえば，下の例で示したようにそれでマーケティングを論じようとしても無理が生じてしまう。

　　例　マーケティング≠セールス，マーケティング≠広告，マーケティング≠利益回収の手段，マーケティング≠経営計画のすべて，マーケティング≠企画の一任

結局，単独でマーケティングを語ることは難しいことがわかる。このことから，企業の目的を通し，活動全体のなかでマーケティング活動を考えるということになる。

1 − 2　企業の目的について

ドラッカー（Drucker, P.F.）はマーケティングにも大きな影響を及ぼしている。企業の利潤追求という前提を否定し，顧客創造という価値前提こそが企業の目的である，と説く。顧客は製品を買うのではなく，特定のニーズを満たそうとする。ニーズがあるかどうかに無関係に，つくることのみに関心が集中する生産志向はコストがどうなっているかによって，需要とは無関係に販売量が決められ，そこから価格が導かれるこのプロダクト・アウトのモデルを否定し，反

対に顧客の側から企業をみる，顧客が何を求めているか，いくらなら買ってくれるのか，そういう人の思考の流れを感じ取ったマーケット・インモデルへと根本的に変えていく経営に根底から変えることを強調している。

つまり，事業は顧客の創造を目的とするものであるから，いかなる事業も2つの基本的機能―すなわちマーケティングとイノベーション―をもっている。だから，「販売部は，何でも工場がつくるものをうっていればよい」という古い考え方を捨てて，「市場が要求するものをつくるのがわれわれの任務である」と改めなければならない。企業は生産や販売，人事や財務といった個別機能を追求するものではなく，マーケティングとイノベーションを推進していく存在なのだ，と広くマーケティングの重要性を説いている。とにかくマーケティングの意味と価値を認識させた功績は大きい。

ドラッカーの経営学は分析学でもないし，技術論でもない。企業の外部，社会のなかに求めるべき「目的」を簡潔に「顧客の創造」といい，「最大利潤の追求」という命題を打ち消して「事業の目的は最大利潤の追求である」という古典派経済学の理論を，ただ，「安く買って，高く売る」ことを，複雑な言葉で表現しているだけだと主張し，「〈最大利潤〉という概念は，事業の理解に，いささかも役立たないばかりか，計り知れない害毒さえながしている。利益の性質に対する社会の無理解，あるいは利益に対する根深い敵意―産業社会の最も危険な病弊の一つは実にこの概念によって生み出されたものである。」と指摘したわけである。

- われわれの顧客とは誰か（潜在的な顧客も含めて）
- 顧客が本当に求めるものは何か
- 顧客にとって価値あるものは何か（顧客は何を求めて製品を買うのか）

これらの質問に答えを出していくことが経営であり，ということはマーケティングとはすなわち経営そのものにほかならない。そこで，事業に対する考え方が問われる。

1960年にセオドア・レビットが『ハーバード・ビジネス・レビュー』に「マーケティングの近視眼」という論文を書いている。そのなかに，映画産業

と鉄道事業のケースが記載されている箇所がある。そこで映画産業をわが国の例になぞらえてみてみると、戦後の一時期、映画は人々の最大の娯楽であった。日本の津々浦々、繁華街にはかならず数件の映画館があった。それが今日のように衰退してしまった理由は、ドメインの定義が狭すぎたからではないかともいわれている。レビットは「映画館は映画会社が製作したフィルムを映写する場所であると限定し、テレビの出現を自分たちにとって娯楽ビジネスを飛躍させてくれる好機だったときに、これを拒否してしまった」という。

どのように事業を定義するかで、テレビのように同じものを脅威にしてしまうか、それとも好機にするのかに分かれてしまうのである。マーケティングの評価分析の手法にSWOTというものがある。Sはストレングスで強み、Wはウィークネスで弱み、Oはオポチュニティで機会、Tはスレットで脅威のことである。企業内部の資源や能力として強みと弱みを、外部環境の変化が与える影響を機会と脅威とに分けるものである。この評価を行おうとする場合は、十分に気をつけなければならない。今日の強みは明日の弱みかもしれないし、その逆もまたあるからである。また、機会はそれを無視すれば脅威になり、脅威も見方を変えれば好機になりうる。したがって、こういう手法を機械的に用いると、まさに映画産業のようにせっかくの機会を逃してしまうのである。

1－3　マーケティングと組織戦略（SBU）

ある原野の穀物の収穫量を増やしたい場合、分析結果から土壌がカリウム不足であることがわかれば、カリウムが戦略的要因（あるいは制限要因）になるのだといえよう。

ところで、戦略という言葉はわかっているようで案外はっきりしない。英語では5P、つまり、プラン、プロイ（策略）、プロセス、パターン、パースペクティブ（透視、全体に正しく把握する）といわれているが、どうとっても人によって受け取る意味合いが微妙に違うようである。「戦略的に考えろ」と言っても「臨機応変にやれ」と受け取られてしまう場合もある。

とにかく、戦略とは文字通り「戦う計略」ということであり、孫子の『兵

法』やカール・フォン・クラウゼヴィッツ (Clausewitz, Carl von) の『戦争論』が知られている。クラウゼヴィッツは軍事戦略の概念を統一しようと試みた点で注目に値する。彼は「戦術とは戦闘における武力の用い方を意味するが，戦略とは戦争の目的を達成するための戦闘の用い方である」と論じているわけであるが，戦略という言葉がマーケティングで用いられようになったのは，1964年ピーター・ドラッカーが『創造する経営者』(Managing for Result) で発表したときに用いた「ビジネス戦略」が始まりだとされている。

とにかく，時とともに，研究者，経営者，経営コンサルタントは戦略をとらえ直し，新たな方法で実行してきている。歴史的アプローチは，この変遷を系統立てて考えたり，一見統一性のない考え方のなかに一定の共通パターンを見いだす際に有効なのである。

歴史的研究のアプローチでは3つの重要な戦略事項が取り上げられている。簡単に触れておこう。

SWOT，経験曲線，PPMである。**SWOT** は1960年代，ハーバードのビジネス・ポリシー・コースでは，企業の内的能力である強み (Strengths)，弱み (Weaknesses)，と外部環境の機会 (Opportunities)，脅威 (Threats) の適合が注目されるようになった。競争と戦略の関わりを理解する際の大きな第一歩となっている。

経験曲線 (= experience curve) は蓄積生産量が倍加するごとに，規模の経済，組織学習，技術革新などがもたらす相乗効果により，総コストは20%から30%ほど減少する〈生産規模の最も大きい企業は，最低コストで最大の利益をあげる〉という理論で「経験」が競合他社の製造コストと市場価格に与える影響について述べている。

PPM は BCG (=ボストン・コンサルティング・グループ) は経験曲線の概念をもとに新たな「強力な概念」としてポートフォリオ分析を用いた成長率―市場シェア・マトリックスを開発した。多角化企業の事業単位 (SBU) ごとに経験曲線を描いたのち，個々の事業単位をマトリックス上にポジショニングすることで，投資対象としての適合度を相対比較するものである。「金のなる木 (cash cows）（成長市場にある事業），と「花形 (star)」に投資や経営資源をバランスよく配分すると同時に，「問題児 (question mark)」（花形に変わりうる事業）にも資金の一部を回すのが最適な戦略で，「負け犬 (dog)」に分類される事業は手放す以外にない，というものである。

　ここで戦略的マネジメントとは何かを考えよう。マーケティングが組織全体の企業戦略といかに適合するかを理解することが肝心である。

　企業戦略の研究は別の学問領域として扱われるが，企業戦略はマーケティング計画のプロセスと密接に関連している。企業戦略のプロセスにマーケティングをインプットすることによって外部要因と内部要因の両方を含めることになる。多数の外部要因，たとえば現在の社会経済的な状況，より直接的には，現行法律などが組織に影響を及ぼす。市場志向の意味をさらに詳しく考えることは，マーケティングと戦略との関係を理解する一助となる。市場志向とは現在および将来の顧客ニーズに適応する市場情報の全社的な創造，部門横断的な情報の伝達および情報にたいする全社的な即応体制である。さらにより簡潔にいえば，市場志向は顧客志向，競争相手志向，および部門間調整から構成されている。

　社会にはさまざまな環境要因が存在し，それぞれが絶えず変化をつづけてい

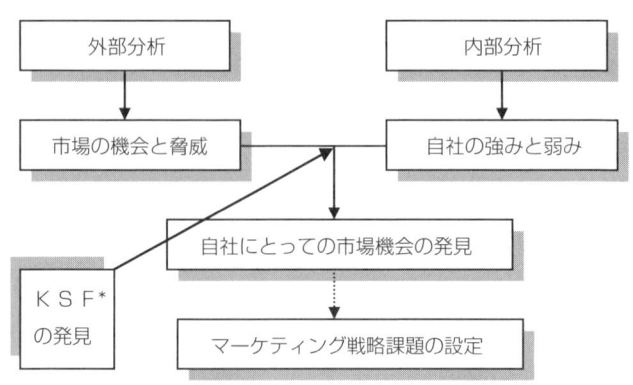

＊KSF: Key Success Factor（成功のための鍵となる要因）

図 1-2　自社にとっての市場機会発見のプロセス

る。好むと好まざるとにかかわらず，個人も企業もその他の団体も，こういった環境の変化から有形無形の影響を受けながら，さまざまな活動を営んでいる。したがって，競合を制するためには，的確なマーケティング環境分析が欠かせない。常に変化を続けるマーケティング環境を正確に把握し，必要な情報を取捨選択し，それらを深い洞察力をもって解釈することにより市場の機会と脅威を見いだし，マーケティング戦略課題を抽出する必要がある。

2　マネジメントの要請－独創的なマーケターへの接近

2－1　マーケティング思考の組み立て方

　これまでマーケティングの基本戦略（セグメンテーション，マーケティング，ポジショニング）を実施することで競争優位が確立され，それがビジネス機会や新製品を生み出すといわれてきた。だが多くの成熟市場では，このメカニズムがもはや有効に機能しなくなってきている。企業は，この点を新たな視点からとらえ直す必要にせまられている。現代はまさに転換期であり，マーケティングにアイデア創出の枠組みを取り入れるべきときなのである。そのために必要なことは多読，多渉猟を必須事項としてあげることができる。
　というのも最近，またマーケティングが企業活動以外の分野にも活用されるようになり，一層「考え方」の重要性を強く感じるようになった。なぜなら，「マーケティングとは何か」という問いには教科書によって定義が千差万別で，それこそ誰かが言ったように，「教科書の数だけ定義がある」からである。
　ちなみに，以下のように，マーケティングに対する解釈はさまざまである。
　①アメリカ・マーケティング協会の定義は，「マーケティングとは，個人と組織の目標を満たす交換を創出するために，アイディア，財，サービスの着想，価格設定，プロモーション，流通を計画し，実行するプロセスである」。
　②ミクソン，ロバート・D・ヒスリックの定義は，「マーケティングとは，相互に関連しながら変化するビジネス環境のなかで，顧客のターゲットグルー

プの満足と明確な目標達成を目的とした交換を促進するすべての活動における意思決定プロセスである」。

　そこでどの本を読めばよいのか，どの論文なら新しいマーケティングの課題に役立つ見解を提供してくれるのか，インターネットや書店で誰の本を探せばよいのか，とよく聞かれるので，そのときは興味がわいた本を，それがたとえマーケティングとは何の関係もない異質なものであっても手にとって読んでみたらどうだろうか。

　①**読むこと**　一般に立案型，企画・着想志向の人の読書傾向は拡散的である。対して評価型や管理志向の人は，同一系統の本をまとめて読む傾向が強い。つまりここでも整理的であり，収斂的である。アイディアをひねり出す，企画を出す，創造するということは，組み合わせのできる情報や知識の絶対量があるほうがいい。知識，情報の広がりをもつということなので，あれこれつまみ食いでもいいから知っておくことが大事である。

　良書を読めとよくいわれる。私もマーケティングや経営学の方面では，まずは定評のある概論書を通読してみることを薦めたいところである。ハウツウ志向の表面的で浅薄な本を読むのは時間の無駄かも知れない。だが，しかし，こと本に限ってはくだらないと思われる本も含めて，とにかくいろいろ読むことを薦めたい。なぜかというと，マーケティングに携わる者が実体験として経験できるマーケティングのケースはあまりに数少ないし，それも同一の業界に偏りがちだからである。

　②**選ぶこと，「自分の背丈」に合った読みやすい本**　はじめての領域について読む場合，当然ながら最初の1冊が最も手間取る。したがって最初の1冊の選び方が肝心である。経営理論やマーケティングをはじめて勉強するのに，高価で分厚い理論書を買ってくる人がいるが，最初にそんな難解な本を読もうとすると，おそらく歯がたたない。内容もほとんど理解できないだろう。そうすると，面白くなくなるので，根気が続かない。最初は初心者でもわかるように，専門語が少なく，とにかくやさしそうなものから読むほうがよい。同じテーマについて本をたくさん読めば，後になるほど，読まなくてもわかる部分が多く

なる。最初はわからなかった専門用語も，いつの間にかわかるようになってくる。だから最初の1冊を読むのに3日かかったとしても，単純に10冊で30日などとはならない。同系統の本は一気に読み上げる方が，案外楽である。

　③熟読，観察すること　マーケティングの仕事で最も求められるのは，いうまでもなく立案型のスタイルである。また企画や戦略を厳しくチェックする評価型のスタイルも必要である。順守型のスタイルはマーケティングに最も不向きな思考スタイルである。マーケティングの仕事は教科書に書いてある通りのことをするものではない。決まりきった正解を答えることでもない。創造することであり，企てることであり，自分で考えることなのである。

　マーケティングや広告クリエーターの間でバイブルのようになっている本がある。1940年にジェムスW.ヤングが書いた。『アイデアのつくりかた』というほんの100頁ほどの小さな本である。ヤングはイタリアのパレトーが書いた『心理と社会』の中でアイディアマンのことをフランス語でスペキュラトゥールといい，「新しい組み合わせの可能性についても夢中になっている」と紹介し，スペキュラトゥールの反対の人をランチェといっている。ランチェとは「型にはまった，着実に物事をやる，想像力に乏しい，保守的な人間」である。そしてヤングはスペキュラトゥールになる，つまりアイディアを生み出す人になるためには，他の分野と同じように第1に原理，第2に方法を習得しなければならないといい，さらにアイディア，あるいはイノベーションといってもいいが，それは既存のことの新しい組み合わせであるのだから，必要なのは物事の関連性を見つけ出す才能だといい，「事実と事実の間の関連性を探ろうとする」習性を鍛錬するためにヴェブレンの『有閑階級の理論』やリースマンの『孤独な群像』のような本が広告について書かれた大概の書物より良い本だと指摘している。

　人が富を持っていることを証明するために消費するとか，他人を気にして行動するといった人間洞察に基づく研究は，たしかにマーケティングの創造プロセスと全く同じである。モーパッサンが小説を書くための現況法として，グスタフ・フローベル(小説『ボヴァリー婦人』で有名)に薦められたプロセスがある。

それは、「……タクシーの運転手はどれも同じように見えるがしかし、君の描写によって世界中のどの運転手とも違った1人の独特の人物に見えるようになるまで、君はこの運転手を研究しなければならない。」というものであった。

それは、マーケティングの思考態度そのものだったそうである。製品と消費者について、最初はどちらも何の変哲もなく普通である。ここで思考を止めてはアイディアは出てこない。だが、フローベルの描写法のように、深く掘り下げていけば、ほとんどの場合、製品と消費者の間にある「関係の特殊性」が見つかるものである。

2-2 整理の手法
MECE、フレームワーク、ロジックツリーという訓練の方法

物事を考えるとき、一度に全体を考えようとすると思考が分散して、収拾がつかなくなる。このようなトラブルを防ぐために MECE (Mutually Exclusive Collectively Exhaustive) という手法がある。MECE とは簡単にいえば「モレなくダブリなく」複数の領域に分けて考えるという意味である。また、「相互に排他的であり、全体としてみれば網羅的である」ともとられている。論理学には欠かせない概念だが、マッキンゼーをはじめとする主要なコンサルティング・ファームがビジネスに使いやすいように体系化し直したことから知られるようになった。では論理的というと MECE が出てくるのはなぜだろうか？ MECE でないということは、モレがあったりするということを意味している。たとえば、市場分析について例をとるならば、市場分析は一般に次のように述べられている。

「……市場が成熟化し、消費の多様化、高級化、個性化が進むと、誰にでも合うような製品は、誰も欲しくないような製品となってしまうのである。したがって、誰を対象としてマーケティング活動を行うのか、その顧客を明確にしてきめ細かく対応する必要がある。そのためには、市場をなんらかの基準によって類似の購買行動、あるいは生活行動をとるグループに細分することができないだろうかということになる。」

「静態的なものとして，人口統計的要因である性別，年齢別，所得階層，家族人員別などがあり，それによって市場を細分するのである。しかし，これでは市場を細分するには必ずしも適切とはいいきれず，動態的な基準として価値観，感覚，生活様式（ライフスタイル）などが採用されるようになった。」この文章をMECEで分析を行うとき，

　　＋0～19歳　＋20～29歳　＋30歳～45歳　＋46歳～60歳，＋60歳～

という年齢に切り分けて，それぞれの特性を考えるというような試みや手法が考えられる。この分け方はモレもダブリも生じない分類法である。したがって，完全なMECEであるということができる。

これに対して，

　　＋児童，＋ＯＬ，＋ビジネスマン，＋主婦，＋高齢者

という分類はどうだろうか，一見網羅性があるように見えるが，「仕事を持つ主婦」「ビジネスの一線に立つ高齢者」「障害者」などはどの分類に入るのか，複数の分類に入る可能性もある，などと考えるとモレ・ダブリが生じるという面でMECEとはいえないことがわかる。

MECEでない分類で分けて分析し，何かしらのメッセージをつくり出したとして，「仕事を持つ主婦」のようなダブって分類される人についてのメッセージが矛盾しているとどういうことになるか？「仕事を持つ主婦は買い物に際しては細かな値段まで気にする」のに対して「ＯＬは先端的な消費行動には積極的にお金を投じる」と分析されているような場合である。このような分析では，「仕事を持つ主婦」はまったく矛盾した消費行動をする人と定義されてしまい，購買行動や生活行動に対する調査報告は説得力を失ってしまう。これにつられて，比較的妥当性が高いメッセージまで不信感で見られてしまう可能性がある。

このようにMECEでないことによる説得力低下を防ぐために，ビジネスで使いやすい分類が考案されている。それが**フレームワーク**と呼ばれるものである。図1-3はその一つの例である。3CはSBU（戦略事業単位）を取り巻く環境を考えるときの軸となるもので，これらを分析するための道具として，ポスト

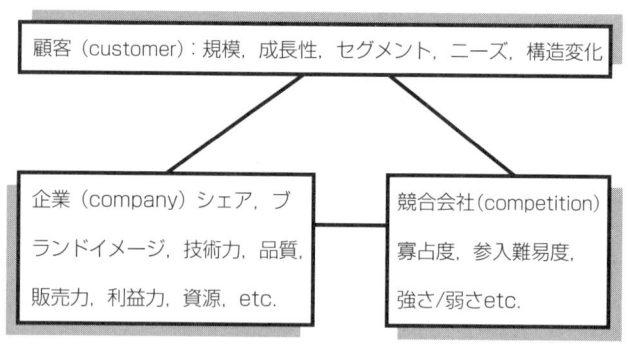

図1-3　3Cの関係

コンサルティンググループの成長シェア・マトリックスやビジネスポジション・マトリックスなどがある。

　ロジックツリーは思考のツールのなかでも，最も論理的にみえるツールである。ロジックツリーは，まず先に問題を提起することから始まる。ここでは「経費をどうしたら削減できるか」という問題を提起してマジックツリーで表してみた（図1-4）。ロジックツリーを使うメリットは，上位概念から具体的なものへとブレークダウンするなかで，MECEを使っていくことで，網羅性のあるロジックがつくれるという点にある。そのため，課題を解決するための方法が全部でどのくらいあるかを考えるには向いている。戦略オプション（長期的な見通しに立った選択肢）をなるべくたくさん出すような場合に最適である。ブレークダウンによって発見されたオプションはあくまで「目的のための一手段として考えられる選択肢」にすぎず，とくに「それが実際に実行可能か」「それを自分たちは本当にやりたいのか」という部分は問わないままに来ている。

　MECEを使って網羅性のあるロジックを作る方法に「**マトリックス**」を使う方法もある（表1-1）。対象の性質によって使い分けることが望ましい。

　ロジックツリーは使いやすい論理思考であり，また，われわれはこの方法に比較的慣れている。それだけに欠点を十分理解して使わなければ，落とし穴にはまってしまうことになる。

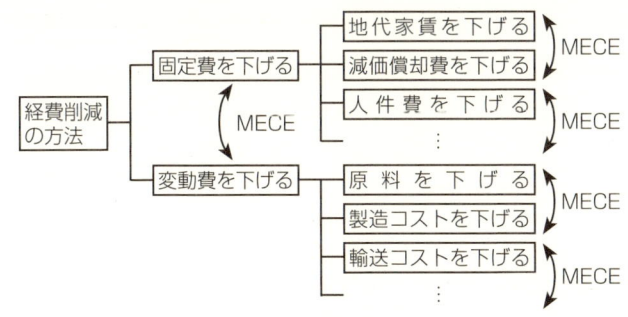

図1-4 ロジックツリーの例

表1-1 利益upの方法

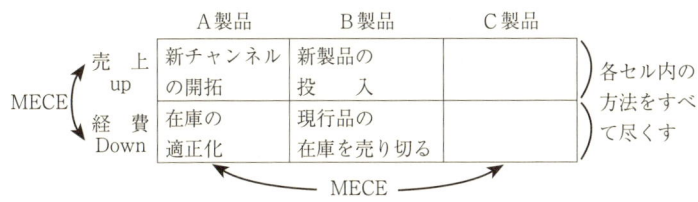

　MECEはビジネスのなかでどのように使うといいのだろうか？「MECEに考えるように」といわれると，MECEになるような切り口を先に探してから，それぞれの内容を思考しようとする。したがって先にMECEの切り口をつくってしまうところに「限界」があり，ロジカルだが内容のない知見しか得られない。このように**MECEという概念にも限界**があることを忘れてはならない。厳密なMECEというものをつくることが難しいのである。たしかにマーケットにいる人を年齢や性別で区切れば，MECEにはなる。しかし「20代」「30代」などという分類がビジネス上，本当に意味のある分類かというと，そうとは言い切れない。30歳の誕生日と同時に消費行動が変わると考えるのは適切ではない。一方，消費行動と定義しその定義に「主婦」や「OL」を名づけて分類すれば，分類の妥当性はあるかもしれないが，MECEに分けることが難しくなる。市場を分析するときに，「まず年齢別に切ろう，年齢なら10年ごとに区切るといいだろう」というように，先にMECEの切り口をつくると「限

界」にぶつかり，ロジカルだが内容をともなわない知見しか得られないケースもでてくる。

3 マーケティングの実践

マーケティングの実践のフレームワーク

ジェローム・マッカーシーは業種を問わずあらゆる企業のマーケティング・ミックスは基本的に4つのP, Product（製品），Place（流通），Promotion（プロモーション），Price（価格），で構成されると説明した。この4つのPは，マーケティングへの投資から最大の利益を得るうえでの必要となるマーケティング活動を象徴しており，それぞれの要素を計画的に調和させながら遂行していかなければならない。

マーケティング活動を考えるときには，図1-5のように全体像をイメージして理解することが一般的になっている。すなわち，1つのフレームワークとして，顧客（Customers），企業（Company），競合会社（Competitor）という外部・内部要因が存在する。このようなフレームワークに規定づけられた環境要因別に，マーケットを絞り込み，製品・商品（Product），価格（Price），流通＝場所（Place），プロモーション＝販促（Promotion）を軸としてマーケティング活動を考えるという図式である。前者の要因を"3C"，後者の軸を"4P"という。

ところで，3Cとか4Pと呼ばれる要因（Factor）をまとめることがマーケティングの目的ではないことはいうまでもない。一般的に，これらの要因を軸としてマーケティングを考えれば，すっきりと考えがまとまることが多いという程度に考えておくべきである。逆にいうと，3Cと4Pという言葉だけを知っていてもまったく意味がない。

マーケティング・ミックスは，1940年代後半に，ニール・ボーデンがつくった造語で，顧客の購買意思決定に影響を与えるさまざまな活動の総称である。

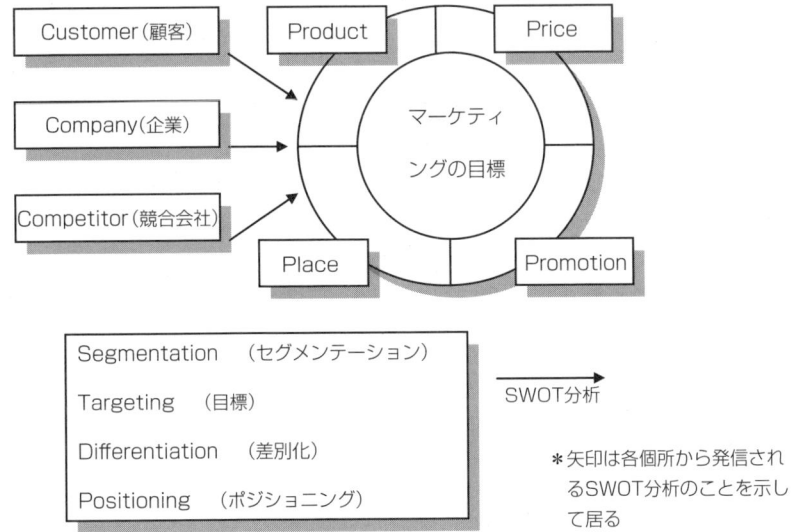

図1-5　マーケティングの全体像

たとえば，製薬会社のマーケティング担当者なら，医師に自社薬を処方してもらう努力を重ね，印刷物その他の媒体を通じて広告，訪問販売，試供品の提供，医学界の援助といった活動を行うはずだ。この種のマーケティング活動は多岐にわたり，その内容は企業や業界によっても異なるが，だが，ここで重要なのは，マーケターが「マーケティング・ミックス」することだと，ボーデンはいう（資料1-1と資料1-2を参照）。彼の主張を要約すると，基本的に「各種のミキサー」の役目を担い，「利益を生み出すために，一貫してマーケティング手段と政策を創造的に組み合わせる仕事に従事する」のがマーケティングの担当役員である。

資料1-1　製造業におけるマーケティング・ミックスの要素（政策および手続き）
(1)製品計画：ⓐ製品ライン―品質，デザインなど，ⓑ市場―誰に，どこで，いつ，どれくらいうるのか，ⓒ新製品開発―研究開発プログラム
(2)価格設定：ⓐ価格レベルの決定，ⓑ具体的な価格設定（端数価格など），ⓒ価格政策

（固定価格化か変動価格化，最低価格，定価を定めるかなど），ⓓマージンの設定（自社のマージン，および取引先のマージン）
(3) ブランドの構築：ⓐトレードマークの選定，ⓑブランド政策‥個別ブランドかファミリーブランドか，ⓒ自社ブランドで販売するか，ノーブランドで販売するか
(4) 流通チャネル：ⓐ工場と消費者を結ぶチャネルの選定，ⓑ卸売業者や小売業者をどの程度厳選するか，ⓒ取引上の協力関係を得るための政策
(5) 人的販売：ⓐ人的販売にどの程度重きを置くか，また，その際に以下の各段階において，どのような手法を用いるのか（①組織内，②卸売り段階，③小売り段階）
(6) 広告：ⓐ広告費をどの程度重視するのかの判断，ⓑ広告コピーづくりの基準（①望ましい製品イメージ，②望ましい企業イメージ，③広告ミックス‥直接の取引先に対して，その他の中間業者に対して，最終消費者に対して）
(7) プロモーション：ⓐ直接の取引先，あるいはその他の中間業者に対して，どのような販売計画をどの程度実施するのか，ⓑ対消費者，対企業プロモーションの形態
(8) パッケージング：ⓐパッケージやラベルの規格
(9) 陳列：ⓐ販売促進のための陳列をどの程度重視するか，ⓑ効果的な陳列のための手法
(10) サービス・物的運搬：ⓐ必要なサービスの提供，ⓑ倉庫保管，ⓒ輸送，ⓓ在庫管理
(11) 情報収集ならびに分析：ⓐマーケティング業務に関わる情報の収集・分析・活用
　(出所) Neil H.Borden, "The Concept of the Marketing Mix," *Journal of Advertising Research*, June 1964, p.4. を一部著者が変更している。

資料1-2　マーケティング・ミックスに影響を及ぼす市場圧力
(1) 消費者の購買行動：購買に関する動機づけの程度，購買習慣，生活習慣環境，購買力，人数
(2) 中間業者の行動：動機，構造，慣行，程度，変化を予告するようなトレンド
(3) 競合他社のポジションと行動：①業界の構造，企業と業界との関係，競合他社の規模，業界内における競争の程度，間接的競争，②需要と供給のバランス（供給過多，供給不足）
(4) 行政機関の動き：製品に対する規制，価格に対する規制，競争に対する規制，広告やプロモーションに対する規制
　(出所) 資料1-1に同じ

資料1-3　具体的なマーケティング活動

● 製品（product）―ターゲット顧客のニーズにあった製品づくり

付属品，ブランド名，製品ラインの幅，奥行き，デザイン，特徴，保証，設置，取扱説明，パッケージング，製品の多様性，品質，返品，サービス，品質保証
- 流通（Place）―ターゲット顧客への到達
  品揃え到達範囲，流通チャネル（小売業者，卸売業者，代理店），在庫，中間業者の種類，立地，市場での露出，運送，倉庫保管
- プロモーション（Promotion）―顧客への宣伝と売り込み
  広告（効果的な広告コピー，媒体の種類），ダイレクト・マーケティング，プロモーション・ミックス，ＰＲ，パブリシティ，営業活動（販売陣容＝動機づけ，人選，教育，販売促進〈ＳＰ〉）
- 価格（Price）―顧客・企業双方に適正な価格設定
  アロウワンス，支払条件，割引，弾力性，地理的条件，導入価格，価格レベル，定価，支払期日

(出所) 資料1-1に同じ

マーケターの仕事とは，製品（Product），流通（Place），プロモーション（Promotion），価格（Price），の4要素をミックスすることである。

しかし，この4つのPだけでは不十分と考える論者もいる。一部の重要なマーケティング活動が軽視されているか否かという議論についてコトラーは次のように論じている。(1)サービス（service）の欠落，(2)パッケージング（Packaging）の欠落，(3)人的販売（Personal Selling）の欠落を指摘し，4つのPという考え方はある種の活動を軽視することになると懸念すると同時に，1960年代以降，新たなPの重要性が高まり，第5，第6のPとして政策（Politics）と世論（Public Opinion）を加える必要があると主張しているのである。

4　実践上4つのPがかかえる問題の指摘

製品（Product）の問題　製品とは，企業が顧客のために創出した有形無形のベネフィットの束である。顧客に歓迎され，かつ喜んでプレミアム価格を支払ってもらえる製品に仕上げるのがマーケターの役割である。そのためには適切かつ明確な差別化（物理的差別，入手方法による差別，サービスによる差別化，価

格による差別化，イメージによる差別化）を図らなければならない。

　差別化に成功するとすぐに他社が目をつけ，価格の安いコピー製品が登場するのが常である。ここで，先行企業は以下の三つの選択をつきつけられる。

①市場シェアを守るために価格を引き下げ，利益の減少に甘んじる
②現状価格を維持し，市場シェアと利益の減少に甘んじる
③新たな差別化の方法を見出し，現状価格を維持する

　では，今日の「製品」が抱える「問題」はどこにあるのか。一つは，いかに差別化されたものであっても，消費者が製品やサービスではなく，両者を融合させた「プロディシーズ」（Prodices）を求めるようになったという点である。もう一つは，消費者が出来合いの「プロディシーズ」の提供ではなく，創造プロセスへの参加を望んでいるという点である。

　フレデリック・ネヴェル（『事例で学ぶアメリカのマーケティング』の著者）によると，「プロディシーズ」という用語をはじめて使ったのは，世界最大のダイレクト・マーケティング広告会社，ワンダーマン・ケイト・ジョンソン会長のレスター・ワンダーマンだ。彼の主張は，人々が求めているのは，「サービスであってモノ自体ではない」ということだ。彼らは，電話ではなく他者とのコミュニケーションを欲しており，食料ではなく食事を，ＣＤではなく娯楽を，洗剤ではなく清潔な衣類を，歯磨き粉ではなく丈夫な歯を求めている。ツアンリは，製品やサービスの代わりに，見かけは製品だがサービスのように機能する「プロディシーズ」を望んでいると指摘した。ネルウェルは，今後はプロディシーズに対する需要は高まる一途で，従来型の４Ｐマーケティングを展開する企業は困難に直面すると予想している。

　製品の抱える二つ目の問題は，マーケターが自社製品に対する支配権を失いつつあるという点である。顧客は企業が開発した市場に送り出すお仕着せのプロディシーズでは満足しなくなっている。今日，プロディシーズの企画，開発，試験，供給，設置，改良プロセスへの関与を望む顧客はますます増えつつある。

　流通（Place）の問題　現在，小売業界では統合とスーパーマーケットの大型化が進んでいる。このため，購買担当者の関心は自社のストア・ブランドの強

化にあり，卸売業者からの大量買付けを管理するケースは少ない。大型スーパーマーケットの理不尽な要求に屈しないメーカーにとって，インターネットは最終消費者の直接取引を可能にし，流通における支配力を取り戻すうえで絶好の機会である。

プロモーション (Promotion) の問題　今日のメディアは大きく普及力をもつにとどまらず，人々の時流に取り残されたくないという欲求もあいまって，世の中全体を覆いつくしてしまっている。こうしたメディア・コミュニケーションは，消費者に「恒常的な注意力の分散」を強いていることになる。聴覚，視覚，感情を絶え間なく刺激する情報のシャワーから身を守るために，消費者は注意力を分散させ，拾い読みをする。このため，どのメディアに対しても完全に注目することはなく，ほとんどのメディアに対してわずかしか注目しなくなるのである。

価格 (Pricing) の問題　①消費者の価格設定への参加要求，②ダイナミック・トレード，③見かけ上の供給増，④需要に応じた価格設定　の問題が浮かび上がってきている。

ここまで4つのPの抱える問題を見てきたが，悲観的な見方はこれだけにとどまらない。ジョージ・ディ(『マーケット・ドリヴン・オーガニゼーション』の著者)は，市場にみられる5つの変化を指摘し，こうした変化は，「企業が市場と足並みを揃え，卓越した顧客価値を提供し続ける能力に破壊的な打撃を与えようとしている，あるいは今後与える可能性がある」と述べる。ディの挙げる5つの変化とは次のようなものである。

①供給量の増加で製品の同質化が進む，②グローバル化の進行でローカル性が薄れる，③競争が激化し，企業間のコラボレーションが進む，④取引よりも顧客との関係構築が重視される，⑤生産─販売型マーケティングが廃れ，感知─反応型マーケティングが主流となる。

今日のマーケティングが置かれている状況を垣間見た。いまの4つのPは問題を抱えている。「勝利の方程式」は通用せず，われわれはあらゆる既成概念を覆す嘆かわしいマーケティング移行期の只中にいる。クランシーとクリーク

の共著『カウンターインテュイティブ・マーケティング』のなかで強調しているところである。

参考文献

Borden, N.H. (1964) The Concept of the Marketing Mix, *Journal of Advertising Research*, June 1964, 2-7.

Curry, J. & Curry, A. (2000) *The Customer Marketing Method: How to Implement and Profit from Customer Relationship Management*. New York: Free Press.

Drucker, P. (1974) *Management: Tasks, Responsibilities, Practices*. New York: Harper & Row.

Drucker, P. (1993) *The Post-Capitalist Society*. New York: Haper Collins.

Gordon, I. H. (1998) *Relationship Marketing: New Strategies, Techniques and Technologies to Win the Customers You Want and Keep Them Forever*. Etobicoke, Ontario, Canada: John Wiley & Sons.

Hisrich, R.D. (2000) *Marketing*. Hauppauge, New York: Barron's Educational Series, Inc.

Holden, P. (2000) *Ethics for Managers*, Aldershot, Hampshire, England: Gower Publishing Limited.

北原明彦(2005)『消費者行動論』創成社

Kotler, P. (1999) *Kotler on Marketing: How To Create, Win, and Dominate Markets*. New York: Free Press.

コトラー,P., 伊波和雄他(訳)(1972)『マーケティング・マネジメント』(下)鹿島研究所出版会

コトラー,P., 村田昭治監(訳)(1963)『マーケティング原理』ダイヤモンド社

コトラー,P., 宮沢永光他(訳)(1986)『マーケティング・エッセンシャルズ』東海大学出版会

Levitt, T. (1986) *The Marketing Imagination*. New York: Free Press.

McCarthy,E.J. (1981) *Basic Marketing: A Managerial Approach*. 7^{h}ed Homewood, IL: Richard, D. Irwin,Inc.

Moore, G. A. (1999) *Crossing the Chasm: Marketing and Selling High-Tech Products to Mainstream Customers*, New York: Harper Business.

村田昭治(1995)『こころときめくマーケティング』国元書房

永野孝和(1999)『マーケティング論入門』八千代出版

岡本正耿(1992)『マーケティング・プラクティス』誠文堂新光社

岡本正耿(2003)『顧客価値マーケティング入門』日本社会生産性本部

Parmerlee, D. (2000) *Developing Successful Marketing Strategies*. Lincolnwood, IL: NTC

Business Books.
斉藤嘉則（1997）「問題解決プロフェッショナル」『思考と技術』（株）グロービス
Schlegelimilch,B. (1998) *Marketing Ethics: An International Perspective,* London: International Thomason Business Press.
Schreiber, A.L. (2001) *Multicultural Marketing: Selling to the New America: Position Your Company Today for Optimal Success in the Diverse America of Tomorrow.* Lincolnwood, IL: NTC Business Books.
Seybold, P.B. (2001) *The Customer Revolution: How to Thrive When Customers Are in Control.* New York: Crown Business.
杉山　明（2005）『マーケティング・ノート』INSPRESS Ltd 績文堂
田内幸一（1985）『マーケティング』日経文庫
ツィンコウタ, M.R. & 小田部正明，横井義則（監訳）（2002）『マーケティング戦略』
渡辺パコ（2001）『論理力を鍛えるトレーニングブック』　かんき出版

第2章　人的資源管理システムの変革

はじめに

　第2次世界大戦後，日本企業は，いわゆる日本的経営といわれる終身雇用，年功序列等に代表される独特の人的資源管理(Human Resource Management, 略称HRM)システムを確立し，従業員の強力な組織コミットメントを獲得した。それによって短期間に驚異的な高度経済成長を達成し，東洋に冠たる経済大国を築いた。日本企業で働く従業員は，会社に自らの命を預ける「会社人間」といわれ，過労死はまさにその象徴とされた。そして会社人間は，終身雇用慣行の下で内部志向性を強めることにより，多くの欲求を職場内で充足し，職業生活への満足感を高め，それを生活全体へと波及させるというライフスタイルを確立させた。

　しかし，1990年代以降，アメリカ型資本主義の原則がグローバル・スタンダードとなりつつあり，世界を席巻するようになると，日本企業は従来の人的資源管理システムの抜本的な見直しを開始した。それにともない，勤務先企業を運命共同体と考え，内部志向が強く社外で通用する専門的能力をもたない，いわゆる会社人間は雇用調整のターゲットと化した。会社人間的な職場組織への関わり方が明確に否定されたことにより，従業員サイドは「脱会社人間」的な組織コミットメントスタイルへの転換を余儀なくされている。

　日本の産業社会の大変革に対して，20世紀後半の日本企業を支えてきた会社人間が，どのように対応していくのか，彼らは大改革に対応することが可能なのか，あるいは不可能なのかについて探求していくことは，日本の研究者に

課せられた重要な義務であると筆者は考える。本章では1980年代以前における会社人間の有効性，および90年代後半から進行している脱会社人間への転換過程で生じている問題点について検討したい。

1 日本的人的資源管理システムの形成

　動力機関が導入され，工業生産様式に大変革をもたらした，いわゆる産業革命が日本で行われたのは1890年代である。それはイギリスより遅れること実に100年以上後である。明治政府は近代的産業を発達させるために，先進資本主義諸国から生産技術，経済制度を取り入れ，国家権力によってそれらを急速に発達させようとした。労働市場に関しては，当時はまだ渡り職人的な労働者が多く，横断的市場であったとされる。

　1910年代に入ると独占資本が形成され，経営管理的な手法を導入する企業も現れた。企業内福祉制度もこの頃から徐々に整備され始め，1920年代後半には勤続年数の長期化が急速に進んだ。しかし，第2次世界大戦以前の人事・労務は，内容的に非体系的であり，各制度は科学に準拠しない常識的レベルであったことは否めない。さらに治安警察法(1900年)とそれを強化した治安維持法(1925年)，およびその改正法(1928年)では，国体の変革に関する罪は死刑にされるという弾圧が行われた。このように労働運動を抑圧する刑罰法規が存在していたことは，近代的管理とは程遠いものであったといえる。

　第2次世界大戦での敗戦(1945年)にともない，日本はアメリカを中心とする占領軍によって急激に民主化が進められた。労働分野では日本国憲法に基づく労働法の制定により民主化が達成され，経済社会体制においても1955年には鉱工業の生産水準がようやく戦前の水準に戻り，正常な軌道に乗り始めた。その後1960年代から1970年代前半にかけてGNP平均年率10%という驚異的な高度経済成長を続け，国内外の消費市場が拡大していった。技術革新による品質向上とコストダウンも進み，労働者の賃金は大幅に上昇し，国民生活は飛

躍的に向上した。

　こうした高度経済成長の原動力となったものが，いわゆる「日本的人的資源管理システム」であるとされ，1970年代には開発途上国のみならず，欧米先進諸国からも注目された。「3種の神器」ともいわれ，次の3つの特徴をもっている。

　第1は終身雇用慣行である。これは新規学卒者を一括採用し，企業内教育訓練を通して企業内専門職を養成し，55歳の定年 (mandatory retirement) を迎えるまで30数年間の継続雇用を保障するというシステムであった。そして定年退職時には退職金が支払われた (1990年代以降，60歳定年制が一般的となった)。こうしたシステムは1950年代半ば頃に確立し，これによって組織に対する忠誠心の強い従業員を育成することができたとされる。

　第2は年功秩序である。これは主に賃金と昇進・昇格をはじめとした処遇面にみられた。原則として同期採用者には格差の少ない定期昇給を行い (年功賃金)，高学歴者の場合には，同期採用者を一定の役職まで原則としてほぼ同列に昇進させた (年功人事)。これによって終身雇用慣行に必要な「人の和」を維持することができたとされる。

　第3は企業別労働組合 (company-based union) である。これは終身雇用慣行とパラレルに存在し，労使関係の安定に重要な役割を果たした。企業業績衰退時には終身雇用を守るため，労使が一体となり難局に取り組み，労使協調によって守り続けた雇用の安定は，モラールを高めるうえでも重要な要因になったと考えられている。

　以上のような人的資源管理システムは，20世紀後半において日本の大企業，官公庁・政府諸機関の男子労働者に対して広く浸透していたものである。さらに，当時の日本にはこうしたシステムが存立しうる，次のような合理的根拠があったことに注目する必要がある (所，1992)。

　第1は，経済の高度成長により企業規模が確実に拡大していき，一定量の役職ポストが確保できたことがあげられる。それによって年功序列的な昇進が可能になった。さらに年功昇進の背景には，基礎教育を受けた年少労働力が豊富

に存在したことも見逃せない。

　第2は,高度成長期には長期にわたって1つの事業が成長,発展したため,本業一本やりの経営が基本であったことがあげられる。したがって,必然的に年齢,勤続年数を重ねた先輩社員の方が若年社員よりも生産性が高くなり,年功制賃金に合理性が得られた。そして教育訓練においても OJT (On the Job Training) が有効であった。

　第3は,学歴と潜在能力との間に明らかな相関があったことがあげられる。大学進学率[1]が低水準であった時代には大学卒の能力は歴然として高く,学歴別の一括管理に合理性があった。

　第4は,男女のライフスタイルにおいて均質的な差があったことがあげられる。当時は女子の雇用は短期という社会的なコンセンサスが存在しており,「女子労働力＝補助労働力」という図式がなんの違和感もなく受け入れられた。

　第5は,企業組織への同調性と忠誠心があげられる。組織の目標,規範を受け入れ,組織のために積極的に働き,長期にわたって組織に留まることによって人生の幸福が得られるという価値観が広く浸透しており,これが均質的な従業員意識となっていた。

　以上のような人的資源管理システムは,前述の通り日本経済の中核的労働者に対して採用されてきたものである。全労働者に占めるこれらの労働者の割合は20～30％程度であるため,必ずしも日本社会に広く浸透していたシステムではないという指摘も一部にはある。しかし,日本の高度経済成長達成のために中核的労働者が果たした役割は大きく,20世紀後半には,むしろこうした人的資源管理システムが有効に機能していた事実をわれわれは注目すべきである。

2　変化の背景と新しい人的資源管理

　1990年代以降,アメリカ型資本主義の原則が global standard となりつつあ

り，欧州や日本を席巻している．これは市場経済至上主義とも呼ばれ，徹底した企業間競争を強力に促進するものである．とりわけ日本の場合，安い労働力を武器に急激な経済成長をとげている東アジア諸国（主に中国）の脅威があるため，アメリカ型の競争原理を経営システムのなかに取り込むことが不可欠となっている．こうした大競争下で業績を伸ばす企業と，低迷を続け，場合によっては淘汰される企業とに二極分化し，かつての日本経済の一大特徴であった護送船団方式，業界協調といった共存共栄政策の維持は困難になっている．

また市場経済主義においては，企業の経営管理において従業員重視の立場ではなく，株主重視の立場がとられるため，日本企業は生き残りをかけて抜本的な雇用システムの変革に着手し始めている．すなわち，20世紀後半において日本経済を支えた終身雇用慣行が崩れ始め，日本企業の運命共同体としての性格は，ドライな契約社会へと確実に転換し始めている．

こうしたglobalな視点での市場競争の激化に加えて，20世紀後半の高度経済成長を通して日本社会が成熟化し，1節で述べた人的資源管理システムを支える「5つの合理的根拠」が大きく揺らいでいることも見逃すことはできない．以下にそれを述べる．

第1は，石油危機以降，各企業は減量経営に切り替えたため，かつてのように多数の役職ポストが確保できなくなった．すなわち，年功的昇進は困難になった．

第2は，ハイブリッド (hybrid) 経営と脱本業化が進むにつれて，必ずしも先輩社員の方が若年社員よりも生産性が高いということがいえなくなってきた．すなわち，年功的賃金，OJTに基づく教育訓練に対する矛盾が顕在化した．

第3は，大学進学率の上昇にともない，大学卒のなかでの能力格差が拡大した．したがって，学歴が能力のメルクマールにならなくなり，学歴別の一括管理に対する合理性が薄らいだ．

第4は，女子の社会進出の増加にともない，男女のライフスタイルに変化が生じた．男女雇用機会均等法 (Gender Equal Employment Opportunity Law) の施行 (1986年) の効果も加わり，かつてのような「女子労働力＝短期勤続・補助

労働力」といった図式は成り立たなくなった。

　第5は，従業員の就業ニーズの多様化が進んだ。豊かさの享受により価値観が多様化し，仕事に対する報酬期待もかつてのように均質でなく異質化が進んでいる。それゆえに，画一的な一括管理はたいへん困難になった。

　以上のような社会変化を受けて，次々と新しい人的資源管理システムが打出されてきている。雇用，賃金，教育訓練，および従業員管理の視点からポイントを整理したい。

　第1の雇用については，終身雇用慣行の見直しにより，採用の複線化，雇用形態の複線化，および中間労働市場 (intermediate labor market) の出現といった3点に特徴が見いだせる。

　採用については，従来型の新規学卒定期採用に加えて，即戦力の中途採用，中途採用の定期化等が拡大し，複線化が進んでいる。とくに即戦力の中途採用は，hybrid経営が展開されるなかで新規事業要員として重視される。また，採用後の異動については，社内公募を導入する企業が増えている。社内ベンチャーの奨励も活発化している。

　雇用形態については，正社員，パート・アルバイト，人材派遣，定年退職者嘱託などhybridな人材編成となり，複線化が進んでいる。そのため正社員比率は低下している。アウトソーシングが拡大しているため，全般的に雇用は抑制されている。

　中間労働市場については，1つの事業を1つの子会社に任せるといった企業分割，あるいは分社型企業の増大により出現した。スリム化した少数精鋭による本体と出向・転籍者による分社とは，アメーバ状に結ばれ企業グループを形成しているが，必ずしも企業グループ内での終身雇用は保証されていない。

　第2の賃金については，本格的な能力給システムの導入が進んでいる。代表的なものが年俸制であり，適用される社員の割合は拡大している。日本を代表する企業であり終身雇用を守り続けてきた松下電器産業 (Matsushita Electric Industrial Co., Ltd.) において，1998年より終身雇用を前提としない賃金システムが導入され注目を集めている。これは，退職金を年収に上乗せするコース，社

内預金，住宅積立・融資制度などの福利厚生 (company welfare) をなくし，それに相当する金額が賞与 (年2回) で支給されるコースなどを従業員が選択できるというものである (朝日新聞, 1998)。

第3の教育訓練については，自己啓発，社外研修の比重が高まっている。とくに企業を越えて国内外で通用する市場性の高い専門能力の指標として資格が注目されており，自己啓発として資格取得をめざす人が増えている。資格の重視は，性や年齢などに関係なく登用される新しい雇用機会の創出に大いに貢献すると考えられる。

第4の従業員管理については，雇用形態の複線化，従業員の就業ニーズの多様化にともない，企業側がキャリアのメニューを用意し，そのなかから従業員が自分のニーズに合ったものを選択する方式が増えている。

キャリアのメニューとは，仕事内容，勤務地，および労働時間に関するものに分けられる。仕事内容については専門職制度 (specialist system)，勤務地については採用の時点で全国社員，ブロック社員，およびローカル社員に分ける限定勤務地制度などが代表的である。また労働時間については，フレックスタイム制により勤務時間帯を自分で調整できるシステム，あるいは在宅勤務制などがあげられる。

こうした新しい人的資源管理システムが導入されることにより，内部労働市場 (internal labor market) はストック化からフロー化へ，あるいは均質化から異質化へと構造変化していくことになる。また，職業世界全体も専門化の方向へ進み，雇用から職業へと構造変化が進むことになる。

3　従業員意識の分析

1990年代以降，20世紀後半の日本企業を支えた人的資源管理システムの根本的な見直しが進み，働く人々の組織に対するコミットメントは，いわゆる会社人間から「脱会社人間」へと大転換が進んでいる。職業人の脱会社人間化は，

多くの欲求を職場で充足する「単属的なコミットメント」から，職場以外にも家庭，地域社会，趣味の仲間等との関わりを重視する，いわゆる「複属的なコミットメント」への転換を促進するものとして期待される。

本章の目的である1980年代以前における会社人間の有効性を明らかにし，さらに90年代後半から進行している「脱会社人間」への転換過程で生じている問題点について検討するため，次のような実証データを用いる。

調査データの概要

調査対象は日本各地に組織をもつ大手運輸企業の20歳代から60歳までの社員である。サンプリングは各都道府県単位の下部組織から，それぞれ15%抽出の比例割当法 (proportional quota) で行われ，調査票は職場組織を利用した留置法で配布・回収された。有効回収数は調査回により若干異なるが，毎回およそ4000である。主な分析対象は1985年調査 (以下85調とする)，1990年調査 (同90調)，1995年調査 (同95調)，2000年調査 (同2000調) の4回である[2]。

本節では主に85調，90調，95調，2000調データを時系列的に分析することにより，脱会社人間への転換状況をとらえていきたい。

転職志向

図2-1の数値は，潜在的な転職志向があるとされる40歳未満の年齢段階において，「もしチャンスがあれば転職したい」と「転職先を探している」と回答した人の合計割合を表している。いずれの年齢段階でも，バブル期の90調のデータと比べて，不況期の95調では大幅に転職志向が後退している。一般に好況時には労働市場は売り手市場 (転職が容易) となり，逆に不況時には買い手市場 (転職が困難) となることが知られている。したがっ

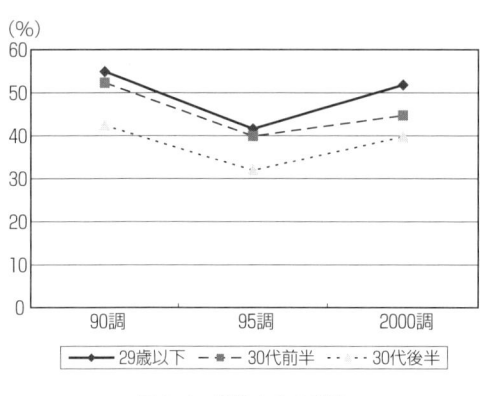

図2-1 転職志向の変化

て，90調と95調に関するこのデータは，経済環境の変化を見事に反映している。

ところが，2000調では，転職志向が各年齢段階で軒並み上昇している点を注目したい。2000調時には，長引く不況により，雇用情勢はより一段と厳しさを増していたはずである。こうした状況にもかかわらず，転職志向が高まった背景には，雇用情勢とは別の次元で労働市場の流動化が進み，終身雇用慣行が崩壊しつつあることがかかわっていると分析できる。これは，安定した大企業にただしがみつくだけの職業人生に疑問をもつ人が，若い世代を中心に増え始めたことを示している。

さらに彼らが転職の際に重視する点をみると，「自分の能力を活かせる仕事」と「給料の金額」の2つを主にあげ，この2つでほぼ70％に達していることを付記したい。「経営の安定性」，「会社の知名度」，「勤務場所・地域」をあげる人は少なく，転職目的が積極的な攻めの姿勢であることが浮き彫りにされている。

職場の同僚との人間関係

図2-2に「何かにつけて相談したり，助け合えるようなつき合い」(全面的人間関係)を志向する割合が示されている。85調から90調，95調をはさんで2000調まで，すべての年齢段階において全面的人間関係志向は確実に減少していることがわかる。85調，90調では年齢段階が上がるにつれて全面的関係志向が増加する傾向がみられ，45歳以上においては，ほぼ過半数が依然として全面的関係を志向していた。しかし，95調では全面的関係を志向する人が各年齢段階とも35％前後となり，年齢段階間にあまり差がみられなくなった。そして，その傾向は2000調へと続いている。すべての年齢階層において全面的関係志向は減少し，部分的，形式的へ移行していることがわかる。

組織に対して限定的に関与するスタイルが定着しつつあり，日本的経営の特色とされた経営家族主義的な人間関係は大きな転換期を迎えているといえる。

労働組合への関心

労働組合活動への関心を問う質問として，①日頃，組合の活動や行事に参加

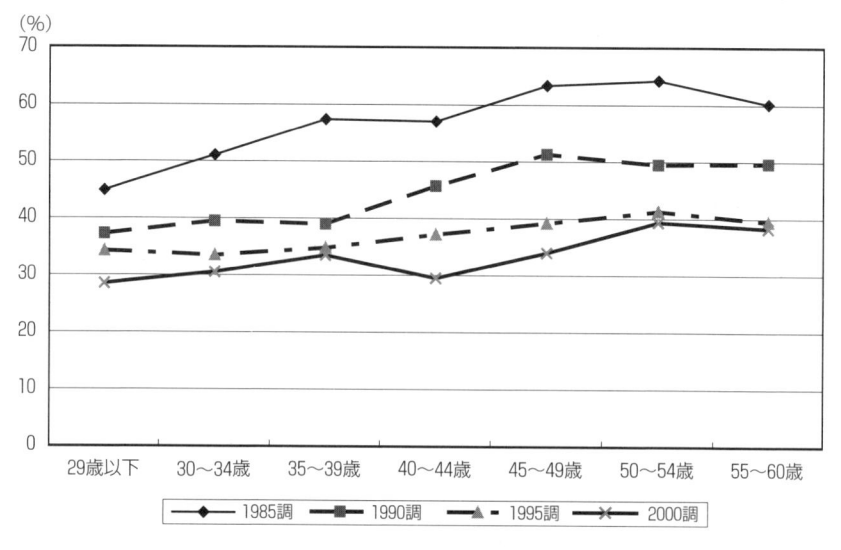

図2-2　職場の同僚との全面的人間関係志向の変化

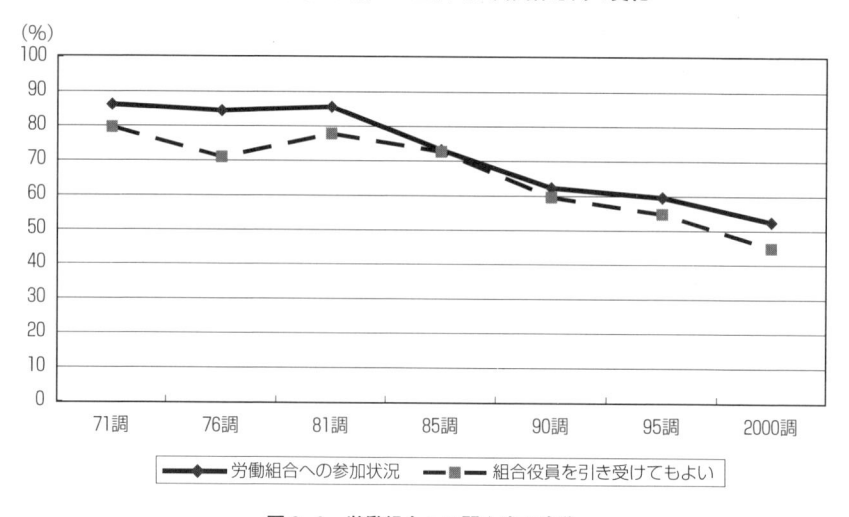

図2-3　労働組合への関心度の変化

しているか。②組合役員（執行委員など）を引き受けるか。の2項目が71調以来，用いられている。①，②の質問項目に対する肯定的回答割合の時系列的変

化を表したものが図2-3であり，いずれも80年代後半からの低落傾向が顕著になっていることがわかる。

70年代から80年代前半までは高かった組合参加意識が，85年頃から低落し始め，95年以降，一段と拍車がかかっている理由として，次の2つが考えられる。

第1は組合員の物質的な生活水準の向上である。85年頃には日本の労働者の名目賃金（nominal wages）はアメリカを抜いて世界一に躍り出たといわれ，経済大国となった日本の労働者の生活は平準化した。そのため，賃上げをスローガンにこれまで活動してきた労働組合の役割が急速に弱まったといえる。

第2は市場経済主義，能力主義の大潮流のなかで，労働組合が存在価値を失いかけていることである。労働者は能力主義的管理を受け入れ個人主義化を強めるエリート層と経営サイドの一方的な管理にさらされているノンエリート層に2極分化し，労働組合はそのいずれの階層をも支援できない状態に陥っている。

以上の従業員意識データから，現代の職業人は，会社組織に対する求心力を失い，会社や職場との関係がドライな契約的なものに変わりつつあるといえる。人的資源管理の変化とともに従業員意識においてもアメリカ型へ移行していることがうかがえる。

4　変革への不適応

終身雇用慣行の崩壊は，過度に会社に依存した他律的な職業人から，自律性の高い職業人へと転換を迫っている。しかし，現代を生きる職業人のなかには，こうした大変革に対する戸惑いや過渡期の痛みに直面している人も少なくない。

筆者はこの点を浮き彫りにするため，前出2000調データをさらに分析した。すなわち，会社コミットメントの程度と生活全体への満足度，職業生活への満足度，およびストレスの度合いとの関係を分析した（所，2002，2003）。

会社コミットメントは，職場への満足，会社の将来展望（明るい―暗い），社員としての誇り，転職志向の有無，および職場の同僚とのつき合いの密度の5項目に対する質問への応答から測定されている。サンプル得点の分布から，H群（コミットメントが高い）＞$X+\sigma$，$X-\sigma \leq$ M群（中程度）$\leq X+\sigma$，L群（低い）＜$X-\sigma$（Xは平均，σは標準偏差を表す）の3群に分類した。項目内容から，H群に分類された人は会社人間タイプであり，逆にL群は脱会社人間タイプとなる。M群は中間タイプとなる。また，生活全体への満足度，職業生活への満足度，ストレスの度合いについては，いずれも4点尺度で測定しており，得点が高いほど満足度が高い，あるいはストレス度が高いことを表している（図2-4）。

結果をみると，会社人間は脱会社人間と比べて，生活，職業のいずれに対しても満足度が高く，ストレスを感じる度合いも少ないことが示されている。この結果は，経営家族主義的な組織風土に対する会社人間の優れた適応力を示しており，脱会社人間への転換は，むしろ適応メカニズムを崩す危険性を示唆している。

会社人間タイプの満足度が高い背景には，本研究の調査対象企業のなかに古い経営家族主義的な組織風土が根強く残っていることも見逃せない。時代変革の過渡期である現代においては，古い適応メカニズムがまだ有効であることがうかがえる。しかし，今後日本企業内で会社人間タイプが生き残れる職場は激

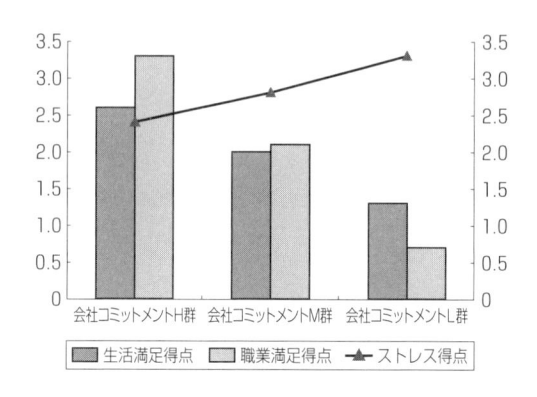

図2-4 会社コミットメントの程度と生活満足・職業満足ストレスとの関係

減し，脱会社人間を求める方向へと企業の組織風土が大転換することは避けられない潮流である。

　古い経営家族主義的な組織風土とは，フォーマルグループとインフォーマルグループとの未分化状態が，組織構成員の意識においても，また実際の生活のなかでも支配的となっていることを意味する。これは，仕事と遊びの人間関係にけじめをつける脱会社人間とは著しく異なる会社人間の特徴である。したがって，会社人間タイプの人は，職場の人間関係のなかでストレス，悩みといったメンタルな問題を解決することが可能であるが，脱会社人間タイプの人はそれが困難になる。

　会社人間タイプの人の具体的なメンタルヘルス法の1つとして，職場の問題を話題に親しい同僚と一緒に酒を飲む「居酒屋メンタルヘルス法」があげられる。本来，不満の処理法として最も適切な方法は，合理的・目的的反応により欲求充足の妨げとなっている障害を合理的に除去し，所期の目標を達成することである。夜の飲屋街で互いに愚痴や悩みをぶつけ合うことは，本来的な問題解決ではない一時しのぎ的な反応ではあるが，心理学的には次の2つの効用が期待できる。

　①欲求不満を外に吐き出すことにより，少なくともその場においては不快な状態から一時的に解放される。
　②互いに愚痴を言い合うことが，実質的にカウンセリングの機能を果たし，とりあえず自分の話を聞いてくれる人間がいることにより，問題解決に向けての心的エネルギーが喚起される。

　上記2点のうち，心理学的にはとくに②が重要であり，職場のインフォーマルな人間関係のなかでカウンセラーとクライアントの役割が演じられていると理解できる。夜の飲屋街は，日本企業の重要な心理相談所であるということができ，終身雇用下の会社人間たちは，こうした方法によりソーシャル・サポートを獲得し，満足感を醸成していたと考えられる。

　しかし，現在では職務の専門職化，それにともなう在宅勤務制などにより，図2-2に見るとおり職場の人間関係が稀薄化している。日本企業の組織風土

は，いわゆるアメリカ型である，仕事の人間関係主体のフォーマルグループ的組織風土に着実に変化している。脱会社人間化の進行は，メンタルヘルス的には職場のインフォーマルグループによる相互カウンセリングを困難にする結果となっている。脱会社人間化の動きは，中高年男子の自殺者数が徐々に増えてきていることとの関連も指摘されている（高橋，2003）。したがって，今後は，職場のなかに産業カウンセラーを常駐させるなどの制度的対応が必要であるといえる。

近年日本では，産業カウンセラーのみならず，教育や医療の分野で心理カウンセラー（clinical psychologist）に対する需要が高まり，臨床心理学に対する関心が高まっている。そのため，心理学を専攻することを希望する学生が増え，心理学専攻を学科から学部へと格上げする大学も現れている。

5 人的資源管理のあり方

1990年代以降，徹底した競争を推し進め，市場経済の原理を社会の多くの領域に導入してコストダウンを図るアメリカ型資本主義の原則が global standard になりつつことはすでに述べている。この原則が人的資源管理に本格的に適用されると，企業は経営戦略に応じてその都度最も適切な人材を集め，プロジェクトが終了すると労働者は解雇されるというシステムが必然的に出来上がることになる。専門知識，技術をもつ人材を社内で育成するよりもアウトソーシングの方が低コストであるからである。労働者の方も自らの職業的なスキルを磨き，良い条件の職場を選んでいくことになる。日本企業の経営者は，「これが現代の潮流である。大競争に乗り遅れるな。企業も従業員も大競争下で鍛えよう」とにわかに叫び始めている。

まさにアメリカ型人的資源管理の席巻であるといえる。筆者はアメリカ型人的資源管理の特徴を次のように考えている。その基本的中心概念が「個人の職務」であるという点に重要な特徴が見いだせ，一人一人の従業員に対して「能

力＝職務＝賃金」という関係式が労働市場メカニズムを通して成立している。使用者は，募集，選考，採用，配置，異動などのすべての管理を明確に規定された職務に基づいて行い，一方従業員は，職務に関する使用者との契約的合意に基づき，合意した労働条件で，合意した労務の提供を行う。これによって双方が応分の満足を得ることになる(所，1992)。

　企業が経営活動を行うための経営資源には，人的資源，物的資源，財務資源，および情報資源があり，各企業はこれらを効果的に組み合わせて生産・サービス活動を行い，最大利潤の獲得をめざしている。経営管理の一翼を担う人的資源管理においても企業が利潤をあげるために，人的資源(従業員)を効率的，効果的に活用することが求められる。こうした視点においては，アメリカ型の管理システムが最も適切であるといわざるをえない。

　人的資源管理の意義として，森(1989)は，次の3点をあげている。森は人的資源管理ではなく労務管理(labor management)という言葉で表現しているが，ここでは両者は同義であると解釈したい。なお，(　)内は筆者が付加したコメントである。

　①経営内労働秩序の安定(主に労使間の安定を意味するが，職場レベルで管理者と従業員が，円滑なコミュニケーションを取ることも含まれる)
　②従業員の効率的活用(最小コストで生産性の高い従業員を確保するため，雇用形態，賃金体系，適正配置，教育訓練，福利厚生などに配慮する)
　③従業員の満足感の充足(森は，従業員の満足度が低下すると欠勤率，離職率が高まり，結果的に生産性の低下を招くと考えた。そのため，それを回避するための手段として満足感の充足をあげた)

　アメリカ型資本主義の原則がglobal standardになると，人的資源管理の意義が②のみに限定され，①と③の役割が大幅に低下することは自明である。しかし，①と③の機能が不十分であれば，従業員間の生活水準格差が拡大し，社会不安が募ることが避けられない。したがって，企業を越えた社会システムの中で，①と③の役割を新たな方向で見いだしていくことが必要になる。

　まず①については，図2-3が示す通り，日本の労働組合はその機能と存在

感を急激に低下させている。労使関係の一方の当事者である労働組合の地盤沈下により，正常な経営内労働秩序の安定が損ねられているといわざるをえない。しかし，労働組合が組合員の雇用と生活を守るための自衛組織であるという原点に立ち返れば，新たな方向がみえてくる。現在は経営サイドによる従業員の効率的活用の推進により，非正社員が増大しているが，非正社員の多くは労働組合には組織化されていない。また，中高年の中間管理職の多くも非組合員である。彼らは組織化を望んでいるように思われる。さらに，能力主義的管理によってもたらされる優勝劣敗化への歯止めに対しても，労働組合は一定の役割を果たせると示唆される。

　次に③については，筆者は森とは異なる視点で重要性を示唆したい。図2-1，図2-2が示すように，日本の職場組織は，経営家族主義的なゲマインシャフト（Gemeinschaft）から，能力主義が前面に出るドライなゲゼルシャフト（Gesellschaft）へと転換している。こうしたなかで従業員が職業生活に満足感を見いだすためには，仕事の質を追求しスキルを向上させることによって，それを達成することが最も有効であると考えられる。さらに，職業生活を越えて生活全体や人生に対して満足感を充足するためには，その人をとりまく人たちからソーシャル・サポートが得られるかどうかが重要であることがわかっている（所, 2002, 2003）。これまで単属的なコミットメント・スタイルをとっていた日本企業の従業員が，職場以外にも家庭，地域社会，趣味の仲間等とのかかわりを重視する，いわゆる複属的なコミットメント・スタイルへと転換できるように，従業員の自助努力に加えて，さまざまな支援体制がとられることが必要になる。そして，この支援体制の構築は，企業を越えて主に地域行政などに課せられる役割であると示唆される。

　これまで述べてきた日本の産業社会の変化と従業員意識変化は，日本社会にとっては画期的な変化であるが，基本的に日本社会が欧米社会へと構造変化しているにすぎないという見方もある。マーシュら（Marsh & Mannari, 1977）は，経営家族主義的な日本企業の組織風土は，後進性の証拠であり，欧米にかつて存在した前近代的なパターナリズム的社会に酷似していると指摘した。そして，

日本社会の成熟にともない，やがて欧米的な制度や人の意識，行動が定着することを彼らはすでに70年代に予見していた。すなわち，日本の欧米化を進歩の必然の経路としてとらえたのである。

また，アメリカ型資本主義の原則が global standard となる流れを変えることは不可能であると認めたうえで，日本，中国，韓国をはじめとした東アジア諸国には，欧米のキリスト教的文化とは異なる儒教文化が根強く残っていることにドーア (Dore, 2002) は注目する。彼は東アジアに共通な儒教的な文化遺産とアメリカ的な現代経営との間に可能な限り結びつきを見いだすことを主張し，それはとくに雇用システムについて重要であると指摘している。この含意を筆者は次のように考える。

儒教文化圏では，家族，教師，職場の上司などの身近な人との間に全面的人間関係が構築されることが多く，こうした文化的風土が終身雇用，年功序列といった雇用システムとうまく整合していたと考えられる。これは契約社会を基調とするアメリカ型システムには見当たらない文化的風土であった。日本社会の制度や人の意識，行動が，アメリカ型へと変貌することは不可避であるとしても，そのなかで欧米とは異なる日本の特色がどの程度見いだせるかについて，今後引き続き調査研究を継続し，明らかにしていく必要があるといえる。

注
（1）「学校基本調査報告書」(文部科学省) によれば，高校卒業者の4年制大学進学率は，1955年 7.9%（男 13.1%，女 2.4%），1975年 27.2%（41.0%，12.7%），2003年 41.3%（47.8%，34.4%）となっている。
（2）本調査は1971年より開始されており，85調以前には71調，76調，81調が行われている。

引用・参考文献
朝日新聞 (1998)「気がつけば未来3: 社員の選択『脱会社』で生活設計」朝日新聞1998年1月5日．
Dore, R. (2002) Will Global Capitalism be Anglo-Saxson Capitalism ? *Asian Business & Management*, 1, pp.9-18.
Marsh, R. M. & Mannari, H. (1977) Organizational commitment and turnover: A

prediction study. *Administrative Science Quartarly*, 22, pp.224-253.
森　五郎（1989）『労務管理論〈新版〉』有斐閣
高橋祥友（2003）『中高年自殺：その実態と予防のために』筑摩書房
所　正文（1992）『日本企業の人的資源：管理論と現代的課題』白桃書房
所　正文（2002）『働く者の生涯発達：働くことと生きること』白桃書房
所　正文（2003）「脱会社人間のメンタルヘルス」『国士舘大学政経論叢』No.123, pp.77-95.

第3章　日本の生産システム

はじめに

　日本の生産システムは国際的にみて非常に優れているといわれている。もちろん，個々の作業者の技能や機械設備の性能も優れているのであるが，海外でとくに注目されているのは，「トヨタ生産方式」と呼ばれる，トヨタ自動車㈱が独自に考案した生産システムである。トヨタ生産方式は，オイルショックの時期に日本企業に広く普及し，1980年代には，不況に苦しんでいたアメリカ企業にも注目され[1]，その後，世界中の多くの企業で適用が試みられている。そこで，本章では，トヨタ生産方式を中心として日本の生産システムを説明することにする。

　生産システムは，生産技術システム（狭義の生産システム）[2]と生産管理システムに分けて考えることができる。生産技術システムとは，素材加工や，部品組立などの直接的な作業に関連するシステムである。生産技術システムでは，たとえば，加工精度の向上，加工時間の短縮，加工コストの低減などが追求される。これに対して，生産管理システムは，生産技術システムによって与えられた条件を前提として，生産計画を立て，計画に従った作業の遂行を確保するためのシステムである。生産管理システムでは，計画の適切さ，計画された作業と実際の作業を一致させることが追求される。

　生産技術システムと生産管理システムは密接な関係にあるため，単純に切り離して考えることはできないが，生産管理システムに焦点を当てた方がトヨタ生産方式の理解が容易になると思われる。そこで，本章では，トヨタ生産方式

における管理の仕組みを中心に説明する。

ところで、現在、私たちは、大量生産・大量消費がもたらした帰結を環境問題として突きつけられている。そのような中で大量消費を前提とせず、必要な物を、必要な時に、必要な量だけ作り、人や設備などの経営資源を最大限に活用するトヨタ生産方式には、高い生産性以上に、私たちが学ぶべきものがあるのかもしれない。本章では言及していないが、このような視点からも生産のあり方を考えてもらいたい。

1 生産管理の基礎

まず、生産管理システムの基礎的な概念と、生産管理を不確実性への対処という視点から理解するための基本的な考え方を示しておく。

4つの基礎概念

生産管理の基礎として、リードタイム、タクトタイム、およびサイクルタイムという3つの基礎概念と、これら3つの基礎概念から導き出されるテクニカルコアの概念が重要である。

1個の製品について、製品の製造開始から生産完了までの時間をリードタイムという(図3-1)。そして、製品を大量生産する場合には、分業によって、一定期間内の生産量を増やすことができる。たとえば、1人で行っていた作業を2人で分業する場合、工程1で作業を終えた仕掛品(つくりかけの製品)は、工程2に引き渡され、継続して作業が行われる。そして、工程1では次の製品の加工に着手する(図3-1)。このように工程を2つに分割することによって、製品の完成から次の製品の完成までの時間は半分になる。このとき、1つの製品が完成してから次の製品が完成するまでの時間間隔をタクトタイムという。一般に、全工程をn工程に分割すると、タクトタイムはリードタイムの$1/n$になる。逆にいえば、リードタイムはタクトタイムのn倍になる。ここで、リ

ードタイムは製品1つを完成させるまでに要する「時間」を表しているが，タクトタイムは生産システムが製品を生み出す「速さ」を表している。そこで，生産システムが一定期間内にどれだけの量の製品を産出できるかという意味での生産能力はタクトタイムによって表されるということもできる。

リードタイム (L) とタクトタイム (T) の関係は次式のように表すことができる。

$$T = \frac{L}{n}$$

また，分業したときの各工程における作業時間をサイクルタイムという。作業時間は各工程に均等に割り当てることが理想である。作業が均等に割り当てられていれば，n工程に分割した場合の各工程の作業時間はリードタイムの$1/n$となる。この時，サイクルタイムとタクトタイムは等しくなる。ところが，作業の性質上，各工程の作業時間を均等に分けられないことがある。たとえば，冷却，乾燥，焼成などのために，どうしても一定の時間を要し，他工程との作業時間の調整が困難な場合がある。このような場合には，タクトタイムは，全工程のなかで最も長いサイクルタイムに等しくなる。すなわち，生産能力は，最も作業の遅い工程の生産性に規定されるのである。そして，この場合のリードタイムは，最も長いサイクルタイムのn倍となる。

サイクルタイム (Cy) とタクトタイム (T)，リードタイム (L) の関係は，次

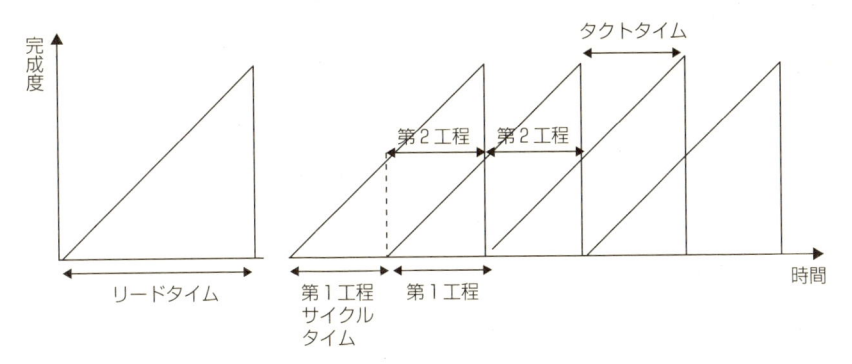

図3-1　タクトタイムとサイクルタイム

のように表すことができる。

$$T = \max(Cy)$$
$$L = n \cdot T = n \cdot \max(Cy)$$

サイクルタイムは，各作業の所要時間と各工程への作業割当の仕方によって決まる。そして，作業割当は生産管理の問題であるが，作業の所要時間は，たとえば新しい焼成装置や焼成法によって焼成時間を短縮するなど，生産技術的なアプローチによって短縮される[3]。

サイクルタイムが最も長い工程が生産能力（タクトタイム）を規定するのであるから，サイクルタイム短縮の努力は，他の工程ではなく，この工程に向けられるべきである。また，この工程の作業が遅れたり，工程が停止することは，生産性の低下をもたらす。そのため，この工程の稼働率は常に高く維持されていなければならない。このように，安定的に高い稼働率を維持するべき工程のことをテクニカルコアもしくはボトルネックという[4]。

不確実性への対処としての生産管理

生産管理とは，生産活動に関連して，いつ，何を，どれだけ生産するかに関する計画，および，品質やコストの水準に関する計画を立て，この計画を遂行するための取り組みである。

生産計画は，大きく中期（3〜5年）の計画と短期（1年以下）の計画に分けられる。中期計画は，おおむね製品を市場に投入してからモデルチェンジなどによる製品寿命が終わるまでの期間における生産の大枠を決定するものであり，特定の製品の生産に利用される機械設備への投資，原材料・部品の調達ルートなどが計画される。これによって生産能力がほぼ確定してしまう。ひとたび生産能力が確定すると，その変更は容易ではない。そのため，事前の需要予測は正確でなければならない。毎年，あるいは毎月，毎日の短期生産計画は，この中期計画の範囲内で策定される。

ところが，生産システムは，その内部と外部でさまざまな不確実性に直面している。不確実性とは，予測とは異なる，あるいは予測できない出来事のことである。たとえば，生産システムの外部には，市場における需給バランスの変

動,原材料・部品に関する品質のバラツキや納期遅れなどの不確実性がある。生産システムの内部には,故障による機械の停止,作業者の技量不足や体調不良による能率低下,仕損の発生などの不確実性がある。需要の減少は設備などを遊休化させて生産効率を低下させるし,能率低下や仕損の発生,需要の増大は能力不足を発生させて需要に応えられない事態(機会損失)を生じさせてしまう。

このように,予測不能の事態によって計画の遂行が阻害される場合に,最初に考えなければならないことは,不確実性からテクニカルコアを保護し,この工程の安定的な稼働を確保することである。そして,それが生産管理システムの役割である[5]。

ところで,不確実性の存在は,情報の不足と言い換えることができる[6]。つまり,事前に十分な情報収集・処理を行って,将来に起こるべき出来事をすべて計画に織り込むことができるのならば,不確実性は存在せず,管理しなくても計画は完遂されるはずである。しかし,いうまでもなくこれは現実的ではない。情報は,将来の情報ほど,そして情報の伝達経路が長くなるほど入手しにくく,また不正確になる。加えて,情報収集・処理にはコストがかかる。すべてを計画に織り込むことがこのコストに見合うとはかぎらない。

そこで,予測と異なる事態が生じたときに対処するための仕組みを用意することが必要となる。たとえば,機械の停止,作業の遅れ,急激な需要の増加に対しては,在庫や予備の生産能力を用意しておいたり,需要の減少に対しては,値引きや宣伝広告により需要を喚起するなどの対処法が考えられる。あるいは,特別な手段を講じず,能率水準の低下を容認するというのも対処方法の1つである[7]。

これらの対処法はいずれもコストをともなう。そこで,どのような方法によって不確実性に対処するかは,企業が具体的にどのような不確実性に直面しているか,そして,代替的な対処法のうち,どの方法が企業にとって最も低コストであるかに依存して決まる。企業によって直面している不確実性の種類や程度,それぞれの対処法に要するコストは異なるから,企業によって採用される

べき対処法，すなわち，採用されるべき生産管理システムは異なる。つまり，唯一普遍の最良の管理システムというものは存在せず，選択されるべき管理システムはその状況に応じて異なるのである[8]。

たとえば，20世紀初頭のフォード社は，自動車に対する無限とも思える需要を背景に，T型フォードというたった1つの車種を大量に生産すればよかった。このときフォード社が直面していた不確実性は比較的小さかったといえよう。他方，後発のトヨタは，日本という限られた市場，すでに始まっていた多品種化への対応，乏しい経営資源という厳しい環境に直面しており，フォード社より高い不確実性にさらされていた。その結果として，フォード社の生産システムを基礎としながらも，より高い不確実性に対処するための，独自の管理システムを発展させたのである。

2 トヨタ生産方式の2本柱と継続的改善活動

トヨタ生産方式は，自働化とジャスト・イン・タイム（Just-In-Time: JIT）を2本柱として展開される[9]。自働化は機械設備などに異常（不確実な出来事）が生じたときに自動的に停止させるための仕組みであり，JITは一部の工程が停止したり遅れた場合に，生産ライン全体を同期させるための仕組みである。これらの仕組みによって，異常の発生が明確に認識されるようになる。そして，改善を通じて異常の発生原因を取り除き，徐々に安定的な生産が行われるようにしようというのがトヨタ生産方式の基本的な考え方である（図3-2）。

自働化

自働化は，自動化と区別するために「ニンベンのある自動化」ともいわれる。自動機械は「自分で動く」機械であるから，たとえば機械に不具合が生じたために不良品が生産されてしまっても，止まることなく動き続け，大量の不良品をつくり出してしまう。しかし，不良品をつくることは「動き」ではあるけれども，価値を生み出す「働き」にはなっていない。そこで，トヨタ生産方式で

は，不具合が生じたらすぐに停止する仕組みを機械に備え付け，不良をつくらないようにする(図表3-2-①)。そして，これによって，単なる「動き」を，価値を生み出す「働き」に変えるという意味をこめて「自働化」という言葉を使っている[10]。

ここで，機械の「働き」の程度，つまり生産能力のうちで不良品ではなく製品をつくるために用いられた能力の割合を「製品化率[11]」と呼ぶとすれば，製品化率は次式のように表すことができる。

$$製品化率 = \frac{良品量}{生産能力}$$
$$= \frac{生産量}{生産能力} \times \frac{良品量}{生産量}$$
$$= 稼働率 \times 良品率$$

機械を止めることは設備の稼働率を低下させるため，稼働率だけを重視する立場からは生産性の悪化と捉えられてしまう。その結果，大量の不良品が生み出されてしまうことになる。自働化の取り組みは，稼働率を低下させることと

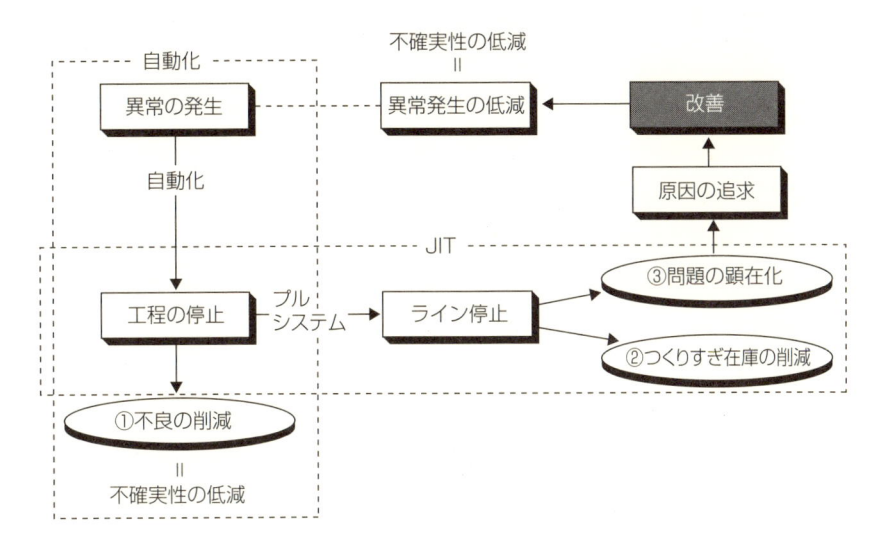

引き替えに良品率を向上させ，これらの積として計算される，価値のある「働き」の比率（製品化率）を高めようとするものである。

　停止する仕組みは機械だけに備えられているのではない。トヨタ生産方式では，異常を発見したら停止する仕組みがあらゆるところに備えられている。たとえば，組立ラインで作業者がサイクルタイム内に自分の作業を終えることができなかった場合，ライン脇にあるヒモを引くとコンベアが止まるようになっていて，作業者はいつでもコンベアを止めることができる。実際には，頻繁に止まると生産計画がくるってしまうので，工程にアンドンと呼ばれる表示板が取り付けられていて，作業が遅れて助けが必要なときは黄色を点灯し，機械の故障などラインを停止させなければいけない場合には赤色を点灯するようにしている。

　その他に，作業者の不注意による不良の発生などを防ぐための仕組みもある。たとえば，製品が決められた位置に置かれていないと，運搬装置や製品が破損してしまうことがある。そこで，センサーが位置を検知し，正しい位置にセットされていなければ作動しないようにする仕組みがある。あるいは，部品の取り付け忘れ，取り付け順序の間違いや，いろいろな種類の製品を組み立てているときに間違った部品を取り付けてしまうなどのミスを防ぐために，ひとつひとつの作業をセンサーが感知し，必要な部品の箱が開くような仕組みもある。このように，落ち度があれば次の工程に進めないようにして，ヒューマンエラーを防ぐための仕組みを「ポカよけ」という。

　不良は，後工程の不確実性を増大させる原因にもなる。不良が発生すると，計画外の補修や再加工が必要となり，生産計画がくるってしまう。自働化には，不良の削減を通じて不確実性を低減するという役割もある。

JIT

　JIT は，「必要な物を，必要な時に，必要な量だけ」生産するというキャッチフレーズで知られている。このキャッチフレーズは，必要な物は何でも，必要な時にはいつでも，必要な量はどれだけでも生産するという意味に理解されがちであるが，本当に意味するところはまったく異なる。これは「必要でない

物はつくらない」「必要なタイミングより早くつくらない」「つくれるだけつくることはしない」ということを意味しており，つくりすぎないことを強調している。そして，これによって在庫を持たないようにしようというのである。

　在庫は，不確実性に対処する主要な方法の1つである。在庫を持っておくことで，需要の変動に対応できる。また，工程内では，工程間に在庫を用意することで，機械の停止や作業の遅れ，その他の統計的変動が後工程に及ぼす影響を緩和することができる。そのため，多くの場合，作業者は少し余裕をもって作業を進め，在庫を持っておこうとする。

　しかし，他方で，在庫を持つことは，在庫を保持するためのスペースや，在庫を管理するための作業が必要となるほか，在庫によってキャッシュフローが悪化するというデメリットをともなう。かつて，まだ資金の乏しかった頃のトヨタにとって，キャッシュフローを悪化させる在庫はなんとしても減少させなければならなかった。さらに，1種類ではなく，多品種の製品を製造するようになると，各製品種類ごとに在庫を持つことになり，在庫の存在は深刻な問題となる。そこで，余分なものをつくらず，必要とされるちょうどよいタイミングに，早すぎることなく提供し，在庫を極力持たずに生産をしようとするのがJITである。

　緩衝装置としての在庫を持たないことは，ある工程で生じた変動が他工程へ波及することを意味する。ところで，その波及の仕方は，工程間で仕掛品を受け渡す方式によって異なる。通常は，「前工程ができあがった仕掛品を後工程に送る」という方式がとられる。これはプッシュ・システムと呼ばれる。この方式では，ある工程が停止してしまった場合，在庫がなければ，それより後の工程も停止してしまう。他方，停止した工程より前の工程は，トラブルの発生とは関係なく生産を続けることができる。その結果，停止した工程とその前工程の間に在庫が溜まる。このとき工程間に溜まる在庫は，単にトラブルが適切に処理されなかったために生じた不必要な在庫であり，不確実性の影響を緩和するための在庫ではない。

　これに対して，JITでは「後工程が，作業を行うために前工程に引き取りに

行く」という方式をとる。この方式は，プル・システムと呼ばれる。後工程は，1つの仕掛品に対して作業を終えると，前工程に次の仕掛品を取りに行く。そして，前工程は，後工程から仕掛品を引き取られてから，次の作業に取りかかる。後工程からの引き取りがないかぎり前工程は作業を行うことができないので，どこかの工程が停止すれば，それに合わせてその前後の工程も停止し，つくりすぎによる在庫の発生を防止することができる（図3-2の②）。

プル・システムによって，作業が遅れている一部の工程のためにライン全体の作業を遅らせてしまうことは稼働率の低下をもたらし，非効率であるような印象をもつかもしれない。しかし，すでに述べたように，タクトタイムによって表される生産システムの生産能力は，全工程のなかで最も遅い工程のサイクルタイムによって規定されるのであるから，一部の工程の遅れは，製品産出のスピードを遅らせる。したがって，他の工程がいくら稼働率を高め，作業を早く進めても，製品産出のスピードが速くなるわけではなく，仕掛品の在庫を増やすだけである。そこで，能力に余裕があるかぎり「つくれるだけつくる」のではなく，最も遅い工程に合わせて「必要な量だけ」つくることで在庫を減らそうとするのである。

異常が発生したときにライン全体が止まることは，在庫を減らす以外に，作業条件の改善を促進する役割をもっている。在庫によって他工程に及ぶ影響を緩和することは，生産が円滑に行われているように見せかけ，異常の発生を覆い隠してしまう。これに対して，異常が発生したときにラインを停止させることは，異常の発生を明確に認識させ（図表3-2の③），原因追及および作業条件の改善による再発防止の取り組みを促す。そして，異常が発生するごとに発生原因を除去するという手続きを繰り返すことで，異常の発生頻度は徐々に少なくなる。こうして，最初はしばしば停止していたラインも，時間が経つにつれて停止回数が少なくなっていくのである[12]。

JITにおけるかんばんの利用

JIT生産方式は，「かんばん」とよばれる伝票を用いることから，かんばん方式と呼ばれることがある。しかし，かんばんはプル・システムをサポートす

る役割を果たすだけであり、JIT生産に必要不可欠なものというわけではない。プル・システムによる、後工程が前工程に直接引き取りに行くという方式は、工程間の距離が近い場合にのみ可能である。工程間が離れている場合、たとえば、部品工場と組立工場が別々の建物である場合や、部品業者と組立業者が別の企業である場合には、後工程が直接に引き取りに行くことはできず、運搬や部品置場を仲介させなければならない。このような場合に、かんばんが用いられる。

　かんばんには、「引き取りかんばん」と「生産指示かんばん」の2種類がある。引き取りかんばんというのは、後工程の運搬担当者が部品置場へ部品を取りに行くときに、何をどれだけ引き取ればよいのかを記したかんばんである。後工程の運搬担当者は、空になった部品箱と引き取りかんばんをもって部品置場へ行き、かんばんに指示された部品箱を取り出す。このとき、部品箱には生産指示かんばんが付いているので、これを取り外して前工程に送る。後工程の運搬担当者は、部品箱と引き取りかんばんを後工程へ持ち帰る。前工程には、部品箱からはずされた生産指示かんばんが送られるので、前工程は、このかんばんに指示された通りの生産を行う。こうして、後工程が引き取った分だけ前工程が生産するという仕組みが機能する（図3-3）。

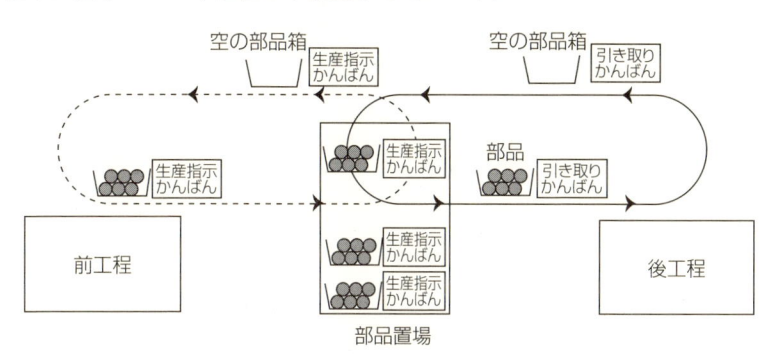

図3-3　2つのかんばんの流れ

（出所）門田（1991），p.51を参考に筆者作成

継続的改善活動

　JIT は日本の代表的な生産システムとされるが，それは日本の生産システムを語るうえでは，氷山の一角にすぎない。日本の生産システムのより本質的な特徴は，継続的改善活動，すなわち徹底的にムダを排除する取り組みにある。

　改善活動は，主に現場作業者によって，より生産性を高めるために製造条件の見直しを行う取り組みである。19世紀末頃までは，工場における作業は，用いる道具，作業の手順，作業のペースなどすべてが作業者に任されていた。しかし，19世紀末から20世紀初頭にかけて，テイラー (Taylor, F.W.) らによって科学的管理法が展開されると，作業方法は経営者が決定し，作業者にはそれを忠実に実行することだけが求められるようになった。これを「思考と遂行の分離」あるいは「熟練の経営への移転」という。その後，フォード (Ford, H.) によって考案され，後にフォード・システムと呼ばれるベルトコンベアを用いた生産システムが全世界的に普及するが，これも思考と遂行の分離という考え方を踏襲したものであった。しかし，日本，とくにトヨタ自動車では，科学的管理法の技術，ベルトコンベアを用いるフォードの方式は採用しながらも，作業者にさまざまな権限を与え，その思考能力を活用しようとした。作業者が異常を感知したときにラインを停止させる自働化もその例であるし，作業条件を作業者自身の創意工夫によって変更できる改善活動はその典型である。

　改善活動には，品質改善の活動と原価改善の活動がある。品質改善の活動は，前述の自働化によって機械やラインが停止した場合に，現場の作業者がその原因を追求し，対策を施す活動である（図表3-2の④）。この活動を継続することにより，異常の発生を予防することができ，機械やラインの停止頻度が徐々に低下する[13]。

　現場作業者が問題を解決するための考え方として，「5つのなぜ」と「3現主義」という考え方がよく知られている。「5つのなぜ」とは，問題が発生した場合には，「なぜ問題が発生したのか」から始まり，「なぜ」を5回繰り返し，そのなかから問題を発生させた真の原因を突き止めようとする思考法である。また3現主義とは，思いこみや一般論に基づくのではなく，現地・現物・現実

に基づいて，つまり，問題の発生した現地へ赴き，現物を見て，問題の実際の状況（現実）を把握して，これらに基づいて判断すべきであるという考え方である。

　原価改善は，「徹底したムダの排除」をめざして行われる。ムダとは，生産活動において，顧客にとっての価値を加えないすべての要素のことである。たとえば，部品や製品を運搬する作業は，生産に必要かもしれないが，顧客にとってはまったく意味のないムダな作業である。あるいは，ハンマーで釘を打つ作業のうち，価値を加えるのはハンマーを振り下ろす動作だけであり，ハンマーを振り上げる動作は価値を生まないムダな動作である。さらには，本当に価値を生むのは，ハンマーと釘がぶつかる瞬間だけであり，振り下ろす動作は価値を生まない動作であるとさえ考えられる[14]。現場作業者が日常の生産活動のなかで，このようなムダを発見し，創意工夫によって，それを取り除くことによって生産性が高められる。

　おそらく仕事に対する意識や雇用条件，会社に対する忠誠心の違いなどが理由であろうと思われるが，日本以外では，作業者を改善活動に参加させることは難しいとされる。その意味でも，改善活動は日本に特徴的な取り組みであり，日本の生産システムをつくり出した根元的要素であるということができよう。

3　多品種少量生産

　トヨタ生産方式は，多くの製品種類を少量ずつ生産することができる生産システムとしてもよく知られている[15]。トヨタ生産方式では，車種，色，グレード，オプションなどがそれぞれ異なる製品をできるだけ効率的かつ在庫が生じないように生産するために独自の工夫を行ってきた。それが平準化と，段取り費用の低減である。

平準化

　上述のように，JITの「必要な時に，必要な物を，必要な量だけ」生産する

というキャッチフレーズは、どのような需要の変動にも対応できるフレキシブルな生産システムであると誤解されることがある。しかし、生産には高額の設備を用いることが多いため、通常は、設備を急激に増やしたり減らしたりすることはできない。また、生産に携わる作業者も、正社員はもちろんであるが、期間工と呼ばれる季節労働者でさえ、簡単に増減させることはできない。

　キャパシティが固定的であるにもかかわらず、需要もしくは作業量が変動する場合には、最も需要・作業量が多い場合にも対応できるようにキャパシティを準備しておかなければならない。そのために、設備投資がふくれあがり、しかも、需要・作業量が少ないときにはその設備の能力は利用されないでいることになる。したがって、JIT生産を行う場合にかぎらず、どのような生産システムでも、生産工程にかかる負荷をできるだけ一定の水準に維持することが求められる。生産工程にかかる負荷を平均的な水準に保つことを平準化という。

　生産を平準化するためには、まず最終組立工程が、各種製品を、一定の量で、一定の間隔で処理するように計画を立てることが必要である。それによって、最終組立工程に部品を提供する各工程が、各種部品を、一定の量で、一定の間隔で生産することが可能になる。つまり、最終組立工程における生産計画が平準化の要となる。

　最終組立工程における生産計画は、たとえば、次のように立てられる。ある生産ラインで、1カ月に製品を10,000個生産しなければならないとする[16]。この製品には、少しずつ仕様の異なるA、B、Cという3種類の製品から構成されており、10,000個の内訳は、Aが5,000個、Bが2,500個、Cが2,500個である。このときに、平準化生産では、Aばかりを5,000個つくり、その後でB、Cをつくるということはしない。それぞれの計画生産数量を工場の稼働日数で割り、毎日、平均的に生産するようにする。工場が1カ月に20日稼働するとすると、1日あたりの生産量は、Aが250個、Bが125個、Cが125個、合計500個となる。これが、日次生産台数のレベルでの平準化である。

　1日の稼働時間のなかでも生産の平準化が行われる。仮に、工場が1日に28,800秒（8時間）稼働するとすると、製品を1日に500個つくるためには、

57.6秒に1個の製品を完成させなければならないことになる。そこで，タクトタイム＝サイクルタイムが57.6秒となるように生産体制が整えられる。

　このうち，Aは250個であるから，28,800秒のうちにAだけを生産すると考えると，Aは115.2秒に1個が生産されなければならない。同様に，Bは230.4秒に1個，Cも230.4秒に1個が生産されなければならない。この時間間隔を守りながら生産計画を立てると，A，B，A，C，A，B，A，C，……という順序で生産することになる。

　また，Aに対する作業時間が70秒，Bに対する作業時間が50秒，Cに対する作業時間が60秒である場合には，平準化した順序で生産すれば，サイクルタイムを60秒に設定することができる。しかし，A，B，Cをそれぞれまとめて生産（ダンゴ生産）する場合には，60秒のサイクルタイムでは処理しきれなくなってしまう（図3-4）。

①平準化生産

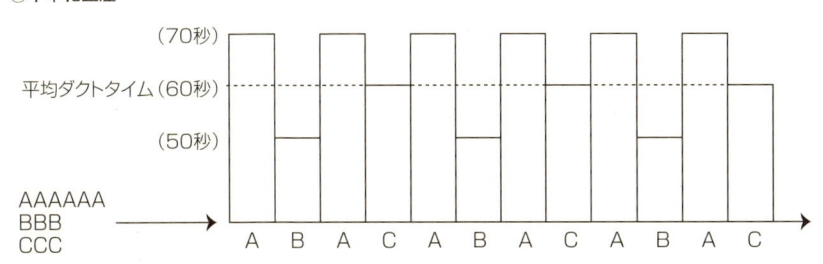

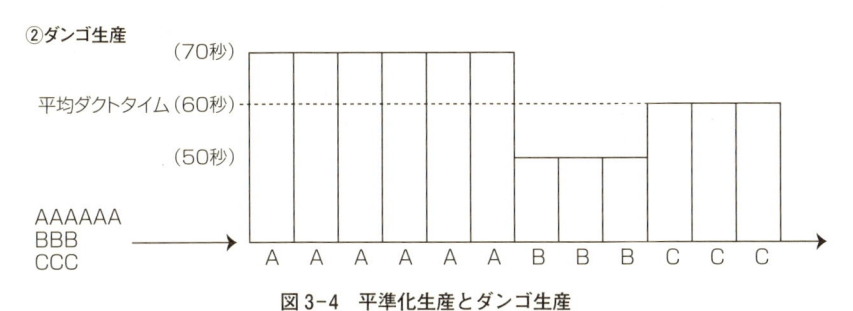

②ダンゴ生産

図3-4　平準化生産とダンゴ生産

(出所) 門田 (1991), p.146 および p.148 より作成

段取り費用の低減

　平準化生産を行おうとすると，段取り替え費用の問題が生じる。段取り替えとは，複数の製品を生産しているラインで，製品の切り替えを行うときに必要となる準備作業のことをいう。たとえば，金型交換がその代表である。段取り替えを行う間は，機械を止めなければならない。金型が重いときには，何時間も機械が停止することがある。あるいは，金型の交換だけではなく，プラスチック製品を製造する射出成型器では，金型交換のために一度機械を止めると，再始動するためには機械を一定温度にまで加熱しなければならず，そのための時間が必要となる。このように，段取り替えには，手間がかかるとともに，段取り替えのためにラインを停止しなくてはならないというデメリットがともなう。

　平準化生産に対応するためには，段取り替えを頻繁に行わなければならない。しかし，段取り替えによって生じるコストを考えれば，回数をできるだけ少なくし，同じ製品をまとめてつくった方がよいということになる。この相反する要求は，トヨタ生産方式が知られる以前は次のように考えられていた。

　段取り替えから次の段取り替えまでの間に製造される製品の数をバッチサイズという。バッチサイズが大きくなると，段取り替えのコストは少なくて済むが，まとめて生産された製品は，引き取られるまでの間は在庫になり，保管などのための在庫コストが発生する。逆に，バッチサイズを小さくすると，段取り替えの回数が増えるので，段取り費用が多く発生し，在庫コストは小さくなる。この関係は図3-5のように表される。そして，段取り費用と，在庫コストの合計が一番小さくなるバッチサイズが経済的に最適なバッチサイズとされる。

　ところが，トヨタ生産方式では，これとは異なる考え方をする。上述の考え方は，段取り費用を所与として，最適なバッチサイズを計算しようとしている。しかし，段取り費用を小さくすることができれば，究極的には，最適なバッチサイズが1のとき，つまり，製品の「1個流し生産」が最も経済的になりうる。そこでJITでは，改善によって，それまで所与とされてきた段取り費用を変

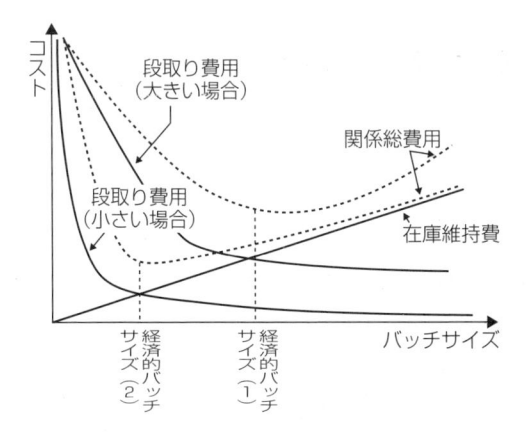

図3-5 段取り費用と経済的バッチサイズの関係

(出所) 小川 (1985), p.204 を一部改変

更し,最適バッチサイズが1となるまで小さくしようと考えるのである[17]。

　段取り費用を低減するためには,4つのステップがある。第1ステップは,ラインを止めて行う「内段取り」を,ラインが稼働している間にあらかじめ用意しておく「外段取り」に切り替えることである。これによってラインの停止時間を短縮することができる。第2ステップでは,内段取り時間を短縮するために,内段取りを開始しやすいように外段取りが完了しているかどうかの確認,内段取りの作業手順の検討,作業分担の検討,省略できる作業がないかの検討が行われる。第3ステップでは,取り外しや取り付けがしやすいように設備を工夫したり,時間や作業を省略するために便利な装置・道具を工夫するなどの設備改善が行われる。第4ステップは,段取り替え作業そのものをなくしてしまうことである。たとえば,さまざまな製品に同じ部品を使う方法,さまざまな部品を同じ金型で打ち抜き,後で分離する方法,機械設備が高価でなければ部品ごとに専用の機械を用意する方法などが考えられる[18]。

4　企業を超えた生産管理システム

　ここまでは，主に企業内部において発生する不確実性に対処するための仕組みについて述べてきた。しかし，不確実性は，企業の外部にも存在する。これを管理するために，インプットである原材料・部品のサプライヤーとアウトプットである製品を引き取る販売店を管理する必要がある。

サプライヤー管理

　とくに，自動車，家電，エレクトロニクスなどの分野で，部品メーカー（サプライヤー）と組立メーカーが密接な関係を維持しながら生産を行うことがある。これらの分野の製品は，1つの製品が高度な技術を要する多数の部品から構成されていること，製品ライフサイクルが短く，迅速な新技術の開発が求められることが多い。そこで，自社ですべてをまかなうのではなく，さまざまな技術をもった複数の企業が連携して生産を行うことがある。こうして，複数の企業があたかも1つの企業のように行動しているケースが日本ではしばしば見受けられる。

　部品メーカーと組立メーカーが協調して生産を行うためには，まず，生産計画が共有されなければならない。たとえばトヨタ自動車の場合には，組立メーカーであるトヨタが，前の月の下旬までに翌月の生産計画を部品メーカーに対して内示する。部品メーカーはこれに基づいて生産の準備を整えることができる。そして，実際の生産は，内示情報ではなく，組立メーカーがかんばんによって出す指示に基づいて，微調整を加えながら行われる。

　既述の通り，組立メーカーが自社内でJIT生産を行っているのであれば，平準化された生産計画が立てられているはずである。この場合には，部品も一定間隔で一定量ずつ供給すればよいのであるから，部品メーカーの生産も安定し，効率的な生産が可能となる。このような連携によって，原材料・部品から製品にいたる企業を超えた一連のプロセス（供給連鎖，supply chain）を効率的に運営しようとしていることも，日本の生産システムの特徴である。

販売店管理[19]

　製造企業より下流の販売店は，最も市場に近いことから，正確な需要予測および予測の不正確さに伴うリスクの負担，そして，製品種類や季節による需要の変動を緩和させる機能が要求されている。

　トヨタの場合には，需要予測を正確にするために，販売店からの注文を受けてから生産することにしている。販売店は最も市場に近く，正確な情報を入手できるからである。トヨタ自動車は，販売店からの注文を受けてから生産に着手し，30〜60日後に生産が完了する。つまり，販売店は，顧客に製品を引き渡す30〜60日前に，需要を予測して発注しなくてはならないことになる。自動車の場合，2週間程度は顧客に納車を待たせることができるとされているが，それでも販売店は見込みで発注するリスクを負うことになる。さらに，色や仕様などのバリエーションが多くなると，これらのすべてについて前もって正確に予測することはほぼ不可能である。そこで，車種の決定が30〜60日前，エンジンの決定が30日前，続いて，色，シート，グレードの順で10日前あるいは5日前に段階的に発注する方式をとり，リスクを軽減しようとしている。この方式を旬オーダー，デイリー・オーダーという[20]。この方式は，近い将来のことほど，そして，発生源に近いほど正確な情報を得やすく，より正確な予測ができるという情報の性質をうまく利用した方法である。

　旬オーダー，デイリー・オーダーという方式を使っても，販売店が見込みで発注したすべての製品に顧客の注文がつくとは限らない。そのような場合には，販売店は標準モデル（販売店限定モデル）を発注する。標準モデルとは，色，オプションなどが販売店によってあらかじめ決められているが，通常より割安な価格で販売されるモデルである。販売店はこれによって顧客の多様なニーズを標準的なニーズに収斂させ，不確実性を低減しようとしている。

　ところで，販売店からトヨタ自動車への支払は3カ月の猶予があるため，製品を引き受けてから3カ月以内に顧客を見つければ販売店のキャッシュフローにも問題が発生しない仕組みになっている。

　さらに，先述の平準化の方法は日々の生産を平準化する方法であるから，こ

れによって季節変動を緩和することはできない。そこで，トヨタでは，設備を安定的に稼働させるために，年間を通じて安定的な発注を販売店に求めている。具体的には，販売店からの受注合計が生産能力を上回る場合には，販売店への車種の割り当てを制限し，逆に受注合計が生産能力を下回る場合には，販売店にさらに多くの製品を引き受けるようにインセンティブを提示する。インセンティブとしては，販売報奨金が代表的であるが，その他にも，たとえば，需要の少ない時期にも多くの製品を引き取る販売店や，売れ筋ではない製品を引き取る販売店に対しては，その貢献を評価し，需要の多い時期に優先的に製品を割り当てたり，売れ筋の製品を優先的に割り当てるなどの措置をとる。

　このように，販売店では，顧客からの注文の裏づけがないまま，製品を引き受けたり，顧客からの注文があるにもかかわらず，製品の割り当てを受けられないという事態が発生している。販売店には，単なる取次店としての機能だけではなく，安定生産を求める生産側の要求と，変動する需要とを仲介する機能が求められているのである。

5　日本的生産の特徴

　トヨタ生産方式の概略は次のようにまとめることができる。まず，販売店によって需要の季節変動が緩和され，そして，生産計画段階で月次および日次レベルでの平準化が図られる。これによって，一定間隔で一定量ずつ生産するための基礎が提供される。そして，設備の故障や作業時間のバラツキなど，生産システム内部に潜む不確実性に対処するために，プル・システム，および，かんばんシステムが用いられる。また，多品種生産においても平準化を行うために，段取り費用を低減する工夫が行われている。結果として，部品メーカーにおいても安定した効率的な生産が可能となる。これらがJITと呼ばれるシステムである。

　他方で，作りすぎや不良品の生産を防止する自働化の仕組みがある。各工程

の機械と作業者は，異常を感知したら即座に作業を停止する。そして，プル・システムを採用しているため，ある工程の停止はライン全体に波及し，ラインが停止する。これによって不良品を作るムダ，作りすぎのムダが防止される。不良の発生は，後工程における不確実性の原因となるため，不良の低減によって後工程にとっての不確実性が低減する。また，ラインの停止は，不良の発生を防止するだけでなく，異常の発生を顕在化させ，改善を促進させる効果をもつ。改善によって異常の発生原因が除去されることで，異常の発生頻度は低下し，安定した生産環境がもたらされる。

　以上のようにトヨタ生産方式を概観すると，それは決して，激変する環境に素早く対応する柔軟なシステムなどではないことがわかる。また，ものづくりに劇的かつ根本的な変革をもたらす奇抜なシステムでもない。トヨタ生産方式は，改善という地道で継続的な取り組みを通じて，生産を攪乱するあらゆる不確実性を丹念に取り除き，一定間隔で一定量ずつ安定的に生産するという，ものづくりの基本を追求しているにすぎない。しかし，このように「基本的なことを徹底的に」追求する姿勢こそ，日本の生産システムの特徴であり，日本のものづくりを支えてきた強さでもある。

注
（1） Womack, Jones, and Roos (1990) はトヨタ生産方式に代表される日本の生産システムをアメリカで紹介した代表的な著作である。ここでは，トヨタ生産方式に代表される日本の生産システムに対して，「トヨタ」「日本」という特定の企業や国を指す語を避け，これに「リーン（ムダのない）生産方式」というより普遍的な呼称を与えている。
（2） ここでは，生産管理システムと対比させるために「生産技術システム」という語を用いているが，この語は一般的ではない。
（3） 作業時間を短縮するためには，この他に，たとえば，短時間で焼成可能な製品を開発するという方法もある。これは製品開発からのアプローチである。
（4） Thompson (1967) では，安定的稼働を確保されるべき中核的な技術要因という意味からテクニカルコアと呼ぶ。また，Goldratt (1992) では，生産性を制約する要因という意味からボトルネックと呼ぶ（正確には，Capacity Constrained Resource (CCR) と呼ばれ，ボトルネックとは意味合いが少し異なる）。

（5） Thompson（1967）．
（6） Galbraith（1973）．また，逆に，「情報は不確実性を減じ，将来の予測可能性を高めるもの」と定義されることもある．
（7） 不確実要因への対処の方法は，（1）調整，（2）安定化，（3）緩衝の3つのパターンに分けることができる．（1）調整とは，たとえば需要が減少したときには，生産能力を削減するなど，生産システム側が変化することによって対応しようとする方法である．ただし，設備投資が大きい場合には，この変更は困難であり，現実的ではない．これに対して，（2）安定化は，生産システムの側は変化せずに，不確実要因である需要に働きかけ，これを生産能力に合わせて安定化させようとする方法である．（3）緩衝は，生産システムと不確実要因の間に緩衝装置（たとえば在庫）を媒介させることにより，生産システムと不確実要因のどちらも変化することなく緩衝装置に変化を吸収させようとする方法である（小沢，2000b）．
（8） Galbraith（1973）．
（9） 大野（1978），p.9．
（10） 自働化の発想は豊田佐吉の発明による自働織機に起源がある．織機は，何本もの縦糸の間に横糸を通して布を織る機械である．途中で縦糸が切れてしまった場合，その時点から布は不良品となってしまう．それまでの自動織機は，縦糸が切れても動きを止めず，欠陥のある布を織り続けていた．そこで，縦糸が切れたことを感知して，自動的に機械が止まるような仕組みを備えたものが豊田佐吉の自働織機である．
（11） 製品化率という語はトヨタ生産方式で用いられる語ではないが，トヨタ生産方式の考え方をより端的に表しているためにこの語を用いている．
（12） トヨタ生産方式は，「生産の方法」と「生産方法を改良する方法」の2つの側面を持っているため，やや理解しにくい部分がある．「改良する方法」を通じて「生産の方法」は常に変化し続けることを念頭に置いておくと，多少は理解しやすいのではないだろうか．
　なお，藤本（1997）では，ある時点での生産方法による生産能力を「静態的能力（static capability）」，この生産能力を向上させるための活動を「改善能力（improvement capability）」，そしてこれらのルーチン的な活動をつくり出す能力を「進化能力（能力構築能力）（evolutionary capability）」と呼んでいる．本章で説明する内容は，静態的能力と改善能力に関する事柄である．
（13） 小池（1991, 1997）では，日本の現場作業者が，本来の作業以外に，問題への対処と変化への対応をする能力をもっていることが日本企業の特徴であると指摘し，この能力を本来の作業の熟練と区別して知的熟練と呼んでいる．
（14） トヨタ自動車の最も効率的なラインでさえ，価値を生み出す動作は37％しかないと見積もられている（（社）日本能率協会2004年度第15期生産技術研究部会最終報告会におけるトヨタ自動車㈱生産調査部主査伊原木秀松氏の講演による）．

(15) トヨタ自動車の場合，細部にいたるまでまったく同じ仕様の製品は500台に2台しかないという（上記講演による）。
(16) 以下の例は，門田 (1991), pp.144-149 を参考にしている。
(17) トヨタ自動車では，2～3時間かかっていた段取りを10分未満に短縮した。10分未満で段取り替えを行うことをゴルフのハンディで10未満をシングルと呼ぶのにならって「段取り時間のシングル化」と呼ぶ（小川，1985）。
(18) 門田 (1991), pp.223-228.
(19) トヨタ自動車の販売店管理については，小沢 (2000a, 2002)，Ozawa (2002) を参照。
(20) 門田 (1991), pp.158-161. 浅沼 (1997), pp.317-334.

引用・参考文献

浅沼萬里 (1997)『日本の企業組織革新的適応のメカニズム』東洋経済新報社
大野耐一 (1978)『トヨタ生産方式―脱規模の経営をめざして―』ダイヤモンド社
小川英次 (1985)「総合的生産管理」(小川英次編著『生産管理』第9章) 中央経済社
小沢　浩 (2000a)「トヨタ販売店の需要安定化機能：JITの生産管理的考察」『成蹊大学一般研究報告』32巻第1分冊
小沢　浩 (2000b)「管理活動の3類型と管理システムの選択パターン」『西南学院大学商学論集』第47巻1号。
小沢　浩 (2002)「JITにおけるトヨタ販売店の役割」『原価計算研究』第26巻2号
小池和男 (1991)『仕事の経済学』東洋経済新報社
小池和男 (1997)『日本企業の人材形成―不確実性に対処するためのノウハウ―』中公新書
藤本隆宏 (1997)『生産システムの進化論―トヨタ自動車にみる組織能力と創発プロセス―』有斐閣
門田安弘 (1991)『新トヨタシステム』講談社
Galbraith, J.R. (1973) *Designing Complex Organizations,* Addison-Wesley, 1973.（梅津祐良訳『横断組織の設計』ダイヤモンド社，1980）
Goldratt, E.M. and J. Cox (1992) *The Goal,* 2nd edition, The North River Press.（三本木亮訳『ザ・ゴール―企業の究極目的とは何か―』ダイヤモンド社，1992）
Ozawa, H. (2002) "Stable Production and Dealer Management in Just-In-Time", *Collected papers of AAAA2002 in Nagoya.*
Thompson, J.G. (1967) *Organization in Action,* McGRAW-HILL.（高宮晋監訳『オーガニゼーションインアクション―管理理論の社会科学的基礎』同文舘，1987）
Womack, J.P., D.R. Jones and D. Roos (1990) *The Machine That Changed The World,* Harper Perennial.

第4章　日本の株式会社

はじめに

　われわれの生活と企業との関係は非常に強い。たとえば，われわれは日常生活においてさまざまな財やサービスを消費しているが，その大部分を企業が提供している。もし企業が存在しなければ，テレビや電気，電話などがない不便な生活を余儀なくされる。企業は，財やサービスの生産と供給により，われわれの生活を物質的に豊かにする役割を果たしている。

　われわれが企業で働いている場合，企業に労働力を提供し，その対価として賃金を得る。われわれが所得の一部を株式に投資している場合，投資先企業の業績が向上すれば，株価が上昇して株式の値上がり益が得られるし，増配があるかもしれない。このように消費者であり，労働者であり，投資家でもあるわれわれは，企業と多面的な関係を有しているのである。

　企業とは，経済事業を行う組織であり，私企業，公企業，協同組合などを指す。私企業とは，財やサービスの提供により利潤を追求する個人や組織のことである。企業というと，われわれはトヨタ自動車やソニーのように規模の大きい会社をイメージしがちであるが，屋台のラーメン屋や床屋のように個人で商売をしている場合も企業である。一方，公企業や協同組合は，経済事業を行っている点では私企業と同じであるが，営利を追及していない点では私企業と異なる。公企業や協同組合の説明は紙幅の関係で割愛し，以下で「企業」という言葉を用いるときは，「私企業」を想定している[1]。

　企業は利益を増加させるために，消費者を犠牲にすることもある。たとえば，

企業が工場を操業し，有害物質を含む排煙や排水で環境を汚染する場合，地域住民の生活に悪影響を及ぼす。また，企業が欠陥商品を消費者に販売して，消費者の生命が危険にさらされることもある。企業はわれわれの生活を便利で快適にする反面，われわれの生活を脅かす存在にもなりうるのである。

われわれが企業と良好な関係を築き上げるためには，企業とは何か，企業をどのようにコントロールすることができるのか等，企業に対する理解を深める必要がある。企業には個人企業やさまざまな会社が含まれるが，株式会社は企業規模を無限に拡大できるため，われわれの生活に及ぼす影響は甚大である。

本章では，第7章で考察するコーポレート・ガバナンス（corporate governance）の問題を理解するのに必要な基礎知識として，日本の株式会社制度や株式の所有構造などを説明する。本章の構成は次の通りである。1節では，個人企業，合名会社，合資会社，有限会社，そして株式会社について説明し，株式会社がどのような特徴を有している企業形態なのか明らかにする。2節では，株式会社の経営機構について，「従来の監査役設置会社」や「委員会等設置会社」について説明する。3節では，2006年に施行予定の新しい会社法について説明する。4節では，株式の上場について説明する。5節では，企業集団とその経済的役割について説明し，近年，企業集団が崩壊しつつあることを指摘する。6節では，日本企業の株式の分布状況について説明する。

1 日本の株式会社制度

本節では，個人企業，合名会社，合資会社，有限会社，そして株式会社について説明し，株式会社の特徴を明らかにする。

個人企業とは，出資者が1人の企業である。通常，個人企業では出資者が企業経営も担当する。個人企業は法人格をもつことを認められないという特徴がある。

法人格とは組織が独自に有する法律上の権利能力である。一般に，権利・義

務の主体となれるのは人間(法律上,これを自然人と呼ぶ)であるが,自然人以外で,権利・義務の帰属主体となれる能力,すなわち権利能力を与えられたものは法人と呼ばれる。

組織が法人格を取得することにより,次の事柄が可能となる。第1に,当該組織の名義で権利・義務の主体となることができる。第2に,当該組織の財産と出資者の個人的財産が明確に区別できる。

個人企業は法人格をもっていないので,銀行からの借入れは,出資者の名義で行うことになる。さらに,銀行からの借入金を個人企業の財産で返済できない場合は,出資者の個人的な財産で返済しなければならない。また,個人企業では経営組織の財産と出資者の財産を明確に区別できないので,出資者は無限責任を負う。

個人企業には,企業経営を行ううえで次の制約がある。第1に,出資者が1人に限定されるため,企業規模を拡大する際に必要な資金調達に限界がある。第2に,企業規模が小さいため,研究開発費が少なく,生産能力も低いので,利益の拡大が制限される。第3に,出資者が経営者を兼ねるため,出資者の代わりに有能な経営者をたてることができない。このため,出資者が経営者として不適格な場合,経営能力の面で制約を受ける。

会社は個人企業と異なり法人格が与えられている。会社には,合名会社,合資会社,有限会社,そして株式会社などがある[2]。合名会社,合資会社,そして株式会社については商法第二編が,有限会社については有限会社法が規定している。

これらの法律によれば,会社は営利を目的とする社団である。社団とは人の集まり・団体を意味する。つまり,会社とは出資者により構成される人的組織としての団体なのである。

合名会社には2名以上の無限責任社員が必要であり,個人企業と比べて出資者の範囲を広げることができる。しかし,合名会社が借入れを行い,会社財産で借入金の返済を行うことができない場合,社員には個人財産から会社の債権者に対して連帯して返済を行う義務が生じる[3]。社員が無限責任を負うため,

親族や親友など信頼関係が強い少数の人しか社員になることができない。したがって，企業規模の拡大には限界がある。

　合名会社では，定款に定めがない場合は，社員全員が会社の経営を行う権利と義務がある。社員の持分の譲渡は，他の社員全員の承諾が得られれば可能である。合名会社は，社員間の結束が強く求められ，社員の個性が重視されるため，人的会社と呼ばれる。

　合資会社は有限責任社員と無限責任社員から構成される会社であり，それぞれ1名以上必要である。出資額を超えた借入金の返済義務を免れる有限責任社員は会社の経営を担当せず，無限責任社員が業務を執行し，会社を代表する。社員の持分の譲渡については，無限責任社員の場合，他の社員全員の承認が必要である。一方，有限責任社員の場合は，無限責任社員の承諾が必要である。

　合資会社も，社員間の信頼関係が重視されるので，人的会社と呼ばれる。合名会社では全社員が無限責任を負うため，企業規模の拡大に制約があった。しかし，有限責任社員をもつ合資会社では，合名会社より出資者の範囲を拡大することができるので，この制約を緩和できる。

　株式会社の社員は株主と呼ばれ，株主は有限責任である。株主間の信頼関係は希薄であり，株主の個性より会社の財産が重視されるため，物的会社と呼ばれる。会社の資本金は1000万円以上であり，株主数は1名以上である[4]。

　株式会社は，株主としての権利の単位である株式を利用している点に特徴がある[5]。株主の権利（株主権）は，自益権と共益権に大別できる。自益権には利益配当請求権や残余財産分配請求権が含まれる。なお，前者は企業が生み出した利益の一部を配当金として受け取る権利であり，後者は企業が清算するときに債権者への支払い後の残余財産を受け取る権利である。一方，共益権には株主総会で投票する議決権が含まれる。株主が企業に払い込んだ資本金は均等な金額に分割され，株式化される。それぞれの株式には同じ株主権が付与される[6]。

　会社の持分を株式という形に細分化しているので，投資家が自己の財産に応じて出資できる。また，有限責任制により投資家は安心して出資できる。さら

に，株主の持分の譲渡は，定款に特別な定めがないかぎり，原則自由であるため，投資家は容易に株式を処分できる。このような特徴を有する株式会社は，多数の投資家から資金を調達することができるため，企業規模を無限に拡大することが可能となった。

有限会社は，株式会社の簡易型組織である。社員はすべて有限責任であり，社員間の信頼関係よりも物的基礎が重視されるため，有限会社も物的会社と呼ばれる。社員の有限責任制により，無限責任社員がいる合名会社や合資会社より企業規模を拡大することが可能である。

有限会社では，最低資本金が300万円以上，社員数が50名以下である。社員数が限定されているため，株式会社と異なり，企業規模の拡大に限界がある。社員の持分の譲渡については，社員間では自由に譲渡できるが，社員以外への譲渡は社員総会の承認が必要である。

表4-1は，企業の形態別，資本金別に企業数を集計した結果である。全社員を有限責任としている株式会社と有限会社の構成比が96.8%を占め，合名会社と合資会社の構成比はきわめて小さい。株式会社と有限会社を比較すると，会社数の合計では有限会社が株式会社を上回る。しかし，資本金が「1000万円以上1億円未満」，「1億円以上10億円未満」，「10億円以上」の区分では，

表4-1 2003（平成15）年分の組織別，資本金階級別法人数

区分	1,000万円未満	1,000万円以上 1億円未満	1億円以上 10億円未満	10億円以上	合計	構成比
（組織別）	社	社	社	社	社	%
株式会社	715	1,006,387	30,272	7,117	1,044,491	40.9
有限会社	1,341,911	85,290	963	52	1,428,216	55.9
合名会社	5,843	81	14	2	5,940	0.2
合資会社	29,811	2,919	15	1	32,746	1.3
その他	15,277	25,430	911	124	41,742	1.6
合計 （構成比）	1,393,557 54.6	1,120,107 43.9	32,175 1.3	7,296 0.3	2,553,135 100	100 —

（出所）国税庁「平成15年分・税務統計から見た法人企業の実態」(http://www.nta.go.jp/category/toukei/tokei.htm)

すべて株式会社の数が有限会社の数より多い。一方,「1000万円未満」の区分では,有限会社の数が株式会社の数より多い。これは,有限会社では社員数が50名以下に限定されており,調達できる資本の額に制約があるためである。社会に散在する資本を集積して,企業規模の巨大化が可能な株式会社では,他の企業形態と比べて資本金の額が大きいのである。

2　株式会社の経営機構

　本節では,日本の株式会社が取り得る経営機構について説明する。経営機構の相違により,日本の株式会社を大きく2つに分類できる。1つは,従来からの監査役設置会社であり,もう1つは委員会等設置会社である。なお,前者では,執行役員制を導入できる。

　従来の監査役設置会社の法定機関は,株主総会,取締役(会),代表取締役,そして監査役である。株主総会は,株式会社の最高意思決定機関である。株主は,株主総会で会社の基本的な意思決定を行う。株主総会の決議事項は,①会社組織に関する事項(定款の変更,減資,解散,合併など),②取締役や監査役の選任と解任および報酬額の決定,③株主の利益(配当の金額の承認)に関する事柄,などである。

　取締役会は株主総会で選任された取締役により構成される。取締役会は,会社の業務執行の意思決定や,代表取締役の業務執行の状況を監督する。取締役会の決議事項は,①代表取締役の選任と解任,②重要な使用人の選任と解任,③重要な組織の設置・変更・廃止,④新株や社債の発行,⑤多額の借財,⑥重要な財産の処分・譲受,などである。取締役の員数は3人以上であり,任期は2年以内である。これは再任を妨げるものではない。

　代表取締役は1人以上必要であり,取締役会での互選により決定する。代表取締役は会社の代表権を有しており,業務執行を行う。通常,代表取締役は,社長や副社長などの会社内部の役職を兼務している。

監査役は，取締役が会社に忠実に職務を執行しているか否か監視する役割を担っている。監査役の監視活動により，取締役が法令や定款に違反し，会社に損害を及ぼすことを防止するのである。監査役は1人以上必要である。ただし，大会社では(7)，3名以上の監査役が必要であり，監査役会という合議体が設置される。監査役のうち半数以上は社外監査役であり，会計監査人による外部監査を受けなければならない。

日本には国家の機関として国会（立法），内閣（行政），そして裁判所（司法）があり，三権が分立している。株式会社の機関も国の機関と類似している。つまり，国会は国の運営に関する意思決定機関である。これと同様に，株式会社では株主総会が会社の基本的方針を決定する最高議決機関である。取締役会は行政を担当する内閣に相当し，監査役は内閣の監視を行う裁判所に相当する。権限を特定の機関に集中させるのではなく，いくつかの機関に分散化させることにより，会社の暴走を阻止することができる。

しかし，現実には商法で予定されている通りに，会社が運営されているわけではない。たとえば，多くの3月決算の日本企業は，総会屋と呼ばれる特殊株主が株主総会を混乱させることを恐れて，6月下旬の特定日に株主総会を集中させて行う(8)。これにより総会屋が多数の株主総会を渡り歩いて，経営者の失態を暴いたり，責任追及することは避けられるが，複数の企業の株式に投資をしている一般株主が株主総会に出席できないという問題が生じる。また，総会屋を嫌う経営者が，株主総会の時間をできるだけ短縮し，株主との対話を行わないという傾向もある。このように一部の会社では最高の意思決定機関である株主総会が十分に機能していない(9)。

また，日本企業の取締役会は，業務執行を取締役（代表取締役と業務担当取締役）が行い，その取締役から構成される取締役会が業務執行の決定と監督を行う。つまり，「経営監督」と「業務執行」の機能が一体となっており，取締役会の「意思決定」と「経営監督」の機能が適切に働いていなかった。

さらに，日本企業では従業員が出世して取締役となることが多く，取締役の総数が非常に多い。このため，取締役会を頻繁に開催して意思決定することは

困難であった。そこで，多くの企業では，代表取締役と数名の取締役から構成される常務会（あるいは経営会議や経営委員会）という任意の機関を設置し，ここで実質的な意思決定を行ってきた。取締役会は常務会の決定を追認しているにすぎず，形骸化している。

このような経営機構の問題を解決するため，日本企業ではじめて執行役員制を導入したのはソニーである。同制度は，「経営監督」と「業務執行」の機能を明確に分離して，株主価値の最大化を追求する米国型の経営機構を模範としている。

1997（平成9）年6月に，ソニーは肥大化した取締役会をスリム化するため，取締役を従来の38人から10人に減らし，実務の責任者を執行役員に任命した。つまり，大部分の取締役は執行役員となり，業務の執行に専念する。一方，10人の取締役（7人の社内取締役と3人の社外取締役）は中長期的な戦略を立案し，執行役員の業務執行を監督するのである。

執行役員制は経営の意思決定と業務執行の役割を分離し，取締役会における意思決定の迅速化を可能とする。経営環境の変化に対応した経営戦略の迅速な立案と実施が可能となれば，企業業績が改善し，株価が値上がりすると予想される。この効果を期待して，他企業も次々と執行役員制を導入した。

執行役員制は商法に規定がない任意の制度であったが，2003年4月からは，商法改正により委員会等設置会社の導入が認められた[10]。ただし，委員会等設置会社を導入できる会社は大会社とみなし大会社である[11]。株主総会で取締役の選任や解任が行われる点は，監査役設置会社と同じである。しかし，委員会等設置会社では，監査役（会）を設置することはできず，代わりに取締役会の内部に指名委員会，監査委員会，そして報酬委員会が設置される。

委員会等設置会社では1名以上の執行役が設置される[12]。監査役設置会社では代表取締役が置かれたが，委員会等設置会社では，執行役が2名以上の場合，会社を代表する代表執行役を定める。また，執行役が1名である場合は，当該執行役が代表執行役となる。

3つの委員会の役割は次の通りである。指名委員会は，取締役の選任や解任

の案を決定する。監査委員会は，取締役や執行役の職務執行の監査を行う。そして，報酬委員会は取締役や執行役の報酬額を決定する。各委員会は，3名以上の取締役で構成され，過半数は，執行役を兼務しない社外取締役である[13]。ただし，1人の取締役が複数の委員会の構成員となることは禁止されていない。

取締役会は経営政策の大枠を決定し，細部については執行役に意思決定を委ねることができる。その結果，執行役による業務の決定と執行が迅速に行われると考えられる。また，意思決定権限の委譲により，業務に精通していない社外の人材も取締役となることができるので，取締役による監督機能が強化される[14]。

3 新しい会社法

現在の会社に関する法律は，商法第二編，有限会社法，商法特例法などから構成されている。これらの法律を統合・再編し，1つの法典にまとめた会社法が2006年より施行される予定である。

法改正が行われる理由は，第1に，近年の社会経済の変化に対応した会社法制に改める必要性が高まったためである。新会社法は，会社経営の機動性・柔軟性の向上や健全性の確保を目的としており，企業価値の向上や株主の利益の最大化に資することが期待されている。第2に，片仮名・文語体で表記された現行法を平仮名・口語体に改め，分散したさまざまな法律を一本化して，会社法制を国民にわかりやすくするためである。

今回の法改正により，次のような制度の変更がなされる[15]。第1に，現行法では，合名会社の設立には社員が2人以上必要である。しかし，新会社法では1人でも合名会社を設立することができる。また，合資会社については，現行法では無限責任社員が会社の業務を執行し，会社を代表する。しかし，新会社法では，有限責任社員も業務執行権と代表権を有することができる。

第2に，有限会社と株式会社との統合である。新会社法の施行後は，新規に

有限会社を設立することはできなくなる。ただし，既存の有限会社はその存続を認められる。また，当該有限会社が株式会社への組織変更を希望すれば，これも可能である。

新会社法では，有限会社法制度が廃止される代わりに，「合同会社」が新設される。合同会社は，米国の LLC (Limited Liability Company，有限責任会社) の日本版であり，株式会社と任意組合の特性を併せ持つ会社形態である。つまり，株式会社と同様に社員は有限責任であるが，原則として社員の全員一致で会社の運営（例えば，定款の変更や持分の譲渡など）が決定され，社員自ら業務を執行するという組合の規則が適用されるのである。

合同会社では，役員の権限や利益配分などの会社内部のルールについては定款で自由に決定できる。したがって，独自の技術を有するが，出資余力に乏しい研究者と大企業が共同で起業する場合に，研究者は出資額が少なくても多くの利益配分を受けることが可能となる。合同会社制度の導入により，ベンチャー企業の育成や産学連携が促進されると予想される。

第3に，最低資本金制度の撤廃である。上述のとおり，現行法では，株式会社は1000万円以上，有限会社は300万円以上の資本金が会社の設立に必要である。しかし，新会社法では，出資額の制限はなくなる。

第4に，株式会社の経営機構については，取締役会などの機関の設計を柔軟に行えるようになり，新会社法の施行後は，株式会社の機関の選択が多様になる。つまり，すべての株式会社は株主総会と取締役を設置する必要がある。しかし，経営者は，取締役会や監査役（会），会計参与[16]，三委員会（指名，報酬，監査）などの機関の組み合せを自由に選択できるようになる。

株式会社が選択できる機関の組み合せは，(1)定款で株式の譲渡を制限した「株式譲渡制限会社」かそうでないか，(2)大会社か中小会社かで異なる。

現行法では，監査役を設置する大会社の場合，3人以上の取締役と3人以上の監査役が必要であり，取締役会と監査役会の設置が義務付けられている。さらに，会計監査人も1名以上必要である。また，中小会社の場合，3人以上の取締役と1人以上の監査役が必要であり，取締役会の設置が義務付けられてい

る。

　新制度では，株式の譲渡制限がない場合は現行どおりであり，監査役（大会社の場合は監査役会）か三委員会のどちらかを選択して，設置することが必要である。しかし，株式を譲渡制限とする大会社では，取締役会や監査役会を設置せず，取締役と監査役をそれぞれ1人とすることができる。また，株式を譲渡制限とする中小会社では，取締役会と監査役を設置せず，取締役を1人とすることもできる。多くの機関の設置が中小会社の運営の負担とならないように工夫されおり，株式会社の設立が有限会社と同程度に緩和されているのである。さらに，現行法では大会社とみなし大会社のみに認められていた委員会等設置会社（新会社法では「委員会設置会社」と呼ぶ）が，新制度では中小会社にも認められることになった。

4　株式の上場

　企業は投資資金の調達のために自己資本を活用したり，銀行からの借入れを行う。企業の内部に留保された資金だけでは，投資資金を賄えなかったり，銀行からの借入れが困難な場合は，投資家に出資を求める。出資者の範囲が家族や親族，友人に限定されるとき，企業が調達できる資本には限界がある。この限界を克服する手段が，株式の上場である。
　株式の上場とは，株式市場で株式を売買できるようにすることである。株式を上場している会社を公開会社，上場していない会社を非公開会社（あるいは閉鎖会社）と呼ぶ。株式を上場することにより，不特定多数の投資家から資金を募ることができるので，企業規模の拡大が容易になる。
　株式市場は発行市場と流通市場の2つから成り立っている。発行市場とは，企業が新規に株式を発行したときに証券会社を通じて売却し，投資家が購入する株式市場である。また，流通市場とは，企業の発行済み株式が株主の間で売買される株式市場である。

株式会社は株主に出資金の払い戻しを行わないので，株主が出資金を回収するためには，他者に株式を売却することになる。株式の譲渡は原則自由であるが，非公開会社の場合，出資者の範囲が限定されているので，持分の譲渡が困難な場合が多い。一方，公開会社の場合，証券取引所で不特定多数の投資家と取引ができるので，持分の譲渡が容易である。

　現在，日本には東京，大阪，名古屋，札幌，福岡の5つの証券取引所がある。上場企業の数が最も多いのは東京証券取引所（東証）である。次いで，大阪証券取引所（大証），名古屋証券取引所（名証）の順となっている。企業が上場を希望する場合，上場株式数，株式の分布状況，株主資本の額などの審査基準を満たさなければならない。東証，大証，名証には，第一部市場と第二部市場の上場区分があり，第一部市場は第二部市場よりも上場の審査基準が厳しい。一般には，はじめに第二部市場に上場し，その後に審査基準が厳しい一部市場に上場する。

　第二部市場の審査基準をクリアーできないが，多数の投資家からの資金調達を望む企業のため，東証にはマザーズが，大証にはヘラクレスが開設されている。これらはベンチャー企業向けの市場であり，審査基準は第二部市場より緩和されている。また，証券会社の手元にある株式を投資家と取引する店頭市場として，ジャスダック（JASDAQ）市場があった。しかし，証券取引所と比べて制約が多く，マザーズやヘラクレスといった他の新興市場との競争が激しくなったため，2004年12月にジャスダック市場は店頭市場から証券取引所に変更した。

　株式上場の利点は，第1に，出資者の範囲を拡大できるので，資金調達が容易となることである。株式を上場すると，株式による資金調達だけでなく，新株予約権付社債や普通社債などの発行も可能となり，資金調達の選択肢が増える。第2に，上場の審査基準を満たしているので，社会からの信用が高いことである。信用が高まれば，営業活動や金融機関からの借入れが円滑に行える。また，株式を上場すると，新聞に上場会社の株価が掲載され，経営方針や新商品などの情報も報道されて，会社の知名度が高くなる。会社の知名度が高くな

れば，広告宣伝費を節約できるし，質の高い労働者を獲得できる。これが株式上場の第3の利点である[17]。

株式上場にはメリットばかりでなく，デメリットもある。たとえば，企業の株式が，家族や親族のみで保有されている場合，敵対的な企業買収が行われる可能性がなく[18]，総会屋が株主総会を混乱させる危険もない。しかし，不特定多数の株主が株式を保有すると，株主が企業経営に対して過度に干渉するかもしれない。

株式の上場には以上のデメリットがあるので，優良企業がすべて上場するというわけではない。たとえば，サントリーや出光興産は，企業規模が大きく，知名度が高いが，非公開会社である。

5 企業集団

公正取引委員会(2001)によれば，第二次世界大戦後の日本の経済復興・高度成長の過程において，企業集団と呼ばれる企業間関係が形成されてきた。この企業集団は旧財閥系企業集団と銀行系企業集団の2つのグループに大別できる。前者は三菱，三井，住友の各グループであり，後者は芙蓉，第一勧銀，三和の各グループである。これらの企業集団では，資金を供給する銀行及び取引を仲介する総合商社が核となり，多種多様な業種に属する有力な企業が資本的・人的な関係をもっている。グループ内の諸企業が協力することで，より多くの利益の獲得が可能となる。

公正取引委員会(2001)は，2000年に企業集団の社長会メンバー企業180社を対象として調査を行った。その結果，次の事柄が明らかとなった。6つの企業集団のメンバー企業(金融機関を除く)が日本経済全体に占める比率(1999年度)について，資本金が13.15%(10兆7177億円)，総資産が11.21%(144兆329億円)，売上高は10.82%(149兆7559億円)であった。これらの比率が示すように，6つの企業集団は規模が大きく，日本経済に及ぼす影響力も大きいため，

六大企業集団と呼ばれる。

　企業集団にはいくつかの特徴がある。第1に，各企業集団に社長会が存在することである[19]。社長会とは，企業集団に属する企業の社長が構成メンバーとなって，定期的に開催される会議である。ここでグループ全体の調整や統制が行われる。

　公正取引委員会 (2001) の調査によれば，社長会に加入する第1の利点は，企業間での「情報交換」であった。次いで，企業集団内に「蓄積された情報・ノウハウの活用」や「長期安定的取引の確保」の順である。また，旧財閥系企業集団においては，「ブランドによる信用力の向上」をあげる企業も多かった。

　第2の特徴は，企業集団のメンバー企業の間で株式の持合いが行われることである。株式の持合いとは，ある企業が他企業の株式を保有し，かつ後者も前者の株式を保有することである。

　株式の持合いにより，グループ内の複数の企業が自社の大株主となっているが，平常時において他企業は自社の経営に干渉することはほとんどないので，サイレント・パートナー (silent partner) と考えられた。また，株式の持合いをしている企業は，持合い株式の価値が低下しても，株式を売却しない安定株主であった。このため，市場に流通する株式数が少なくなり，グループ外の株主が，敵対的企業買収を行ったり，株主総会で議決権を行使して，経営に干渉することは困難となった。

　第3の特徴は，総合商社や銀行が企業集団の核となっていることである。企業集団では，ある企業が商取引を行う場合，企業集団のメンバー企業と取引を行い，原材料の購入や製品の販売の際には同じ企業集団の商社が介在してきた。株式の持合いは，このような企業集団内の営業上の取引を円滑にするのに役立った。また，資金調達の際には，同じ企業集団の銀行から借入れを行ってきた。公正取引委員会 (2001) の調査によれば，都市銀行によるメンバー企業への貸出関係率 ((都市銀行が実際に貸出しをしている同一企業集団のメンバー企業数) ／ (貸出しすることが可能な同一企業集団メンバー企業数)) は85.79％ (1999年度) であった。

銀行は融資を行うのみならず，融資先企業の株式も保有している。つまり，銀行は融資先企業の債権者であり，かつ株主でもある。さらに，融資先企業の経営状態が悪化した場合は，役員の派遣を行った。このように事業会社と資本的にも人的にも結びつきがある場合，当該銀行はメインバンクと呼ばれる。

銀行は融資の際に，企業の投資案を評価しなければならない。一般に，銀行は融資先企業の経営者ほど内部の情報に精通しておらず，両者の間には情報の非対称性がある。したがって，銀行が当該企業の投資案を正確に評価することは困難である。

しかし，メインバンクは役員派遣を通して企業の内部情報を入手でき，融資先企業の決済口座を管理しているので，融資を行った後も，貸付金の利用状況や収益を正確に把握できる。そして，企業の内部情報に精通しているので，融資先企業が経営破綻を起こしても，必要に応じて緊急融資を行うなど，救済措置を講ずることができる。

さらに，メインバンク制は株主と債権者の利害の不一致を解消する仕組みも備えている。一般に，銀行は，収益性が低くても，リスクが低く，元利の返済が確実に行われる投資案を選好する。一方，株主価値を高めたい企業経営者は，リスクが高くても，高い収益が見込める投資案を選好する。このように経営者と債権者の間では，投資案の選好が異なる。経営者が借入れを行った後に，当初の計画よりもリスクの高い投資案を実行し，債権価値が低下する可能性があるので，銀行は高い金利を要求するなどの防衛策をとる。メインバンクは融資先企業の株式を保有しているので，万が一，経営者がリスクの高い投資案を実施して，債権価値が低下しても，株式価値の増加分で，損失を補うことができる。

日本は，高度成長期まで資本市場があまり発達していなかったので，企業の資金調達は，増資や起債といった直接金融ではなく，主として銀行借入れであった。このため，当時の日本企業の負債比率はきわめて高く，融資先企業に対する銀行の支配力は非常に大きかった。メインバンクは，債権者として，また株主として，融資先企業に規律を与えることができ，メインバンクが融資先企

業の監視役を担っていると考えられていた。

　しかし，金融の自由化が進み，資本市場からの資金調達が容易になると，資金調達の方法が間接金融から直接金融にシフトした。とくに，バブル経済期には，株価が高い水準にあったので，エクイティ・ファイナンス（新株発行をともなう資金調達）が積極的に行われた。この時期に，日本企業の負債比率が低下し，メインバンクの役割は低下した。さらに，バブル経済が崩壊すると，銀行は大量の不良債権を抱え，融資先企業の救済を行う体力がなくなり，日本企業の銀行離れは一層進んだ。

　バブル崩壊以降，業績の低迷に悩まされた日本企業は，生き残りのために，企業集団の壁を超えた経営統合に乗り出した。たとえば，銀行業界に目を向けると，2000年に第一勧業グループの第一勧業銀行，芙蓉グループの富士銀行，そして日本興業銀行の3社が，持株会社であるみずほホールディングスを設立した。2002年には，三井グループのさくら銀行と住友グループの住友銀行が合併して，三井住友銀行となった。また，同年に，東海銀行と三和グループの三和銀行が合併してできたUFJ銀行は，2006年1月に三菱グループの東京三菱銀行と合併する予定である。

　近年，このように業界の再編が活発に行われており，株式の持合いの解消も進行している。ニッセイ基礎研究所(2004)の調査によれば，1987年には45.8％あった株式の安定保有比率が2003年には24.3％まで低下した。また，株式の持合い比率は1987年には18.5％であったが，2003年には7.6％に低下している。現在，企業集団が完全に消滅しているわけではないが，メインバンク制も崩壊しつつあり，今後も企業集団が存続するのか否か，予断を許さない状況にある。

6　株式の所有構造

　図4-1は，2002（平成14）年までの所有者別持株比率の推移を示している。

全国証券取引所 (2002) の調査によれば，個人株主の持株比率は，1950 (昭和25) 年には 61.3% であったが，1988 (昭和 63) 年には最低の 22.4% となっている。その後は，漸増傾向にあるが，1950 年の持株比率の半分にも達しない水準である。

一方，金融機関の持株比率は，1950 年には 12.6% であったが，1989 年には最高の 46.0% となっている。その後，金融機関の持株比率は，年々減少している。事業法人の持株比率は，1950 年には 11.0% であったが，1973 年には最高の 27.5% となっている。その後は，横ばいの状態が続き，1985 年ごろから若干減少している。

第二次世界大戦後，財閥が解体され，財閥の保有株式が市場に放出された。このときに，個人投資家が大量の株式を保有していたため，個人株主の持株比率は高く，金融機関や事業法人の持株比率は低かった。しかし，外国企業から

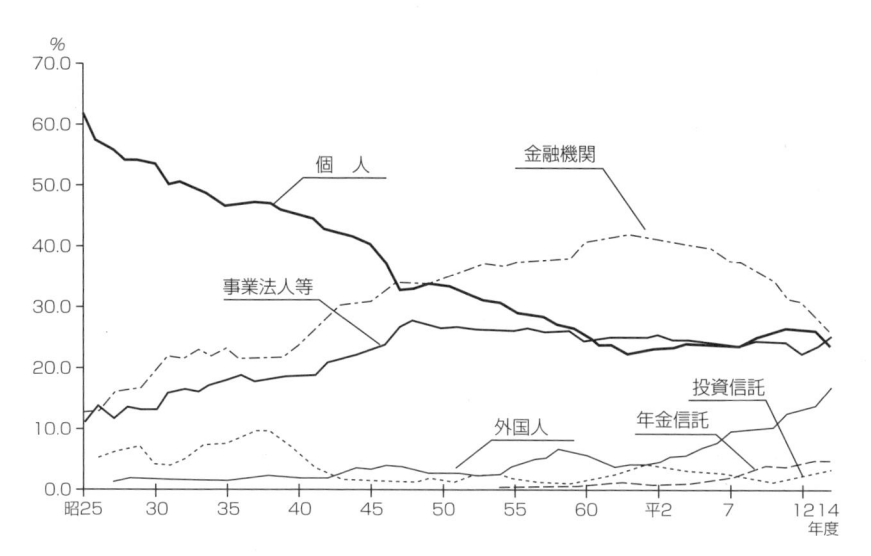

(注) 1. 1985 (昭和 60) 年度以降は，単位数ベース，2001 (平成 13) 年度から単元数ベース。
2. 金融機関は投資信託，年金信託を除く (ただし，1978 (昭和 53) 年度以前については，年金信託を含む)。

図 4-1 所有者別持株比率の推移

(出所) 全国証券取引所 (2002)

の乗っ取りを恐れる日本企業はグループ内で株式の持合いを開始した。株式の持合いが形成されるにつれて，個人株主の持株比率は低下の一途を辿り，金融機関や事業法人の持株比率は増加傾向にあった。

1967 (昭和42) 年から資本の自由化が段階的に進められると，外国企業による乗っ取りを防衛するため，さらに株式の持合いを進めた。その結果，1970年頃に事業法人の持株比率が20％を超え，金融機関の持株比率が30％を超え，両者の持株比率が50％以上となっている。

日本企業の株式所有構造は，バブル崩壊を契機に変貌しつつある。バブルの崩壊以降，不良債権を大量に抱える銀行は融資先企業の株式を売却してきた。また，時価会計の導入により，株価の下落が企業業績の圧迫要因となるため，事業法人も取引関係が弱い企業の株式を売却したため，株式持合いは崩れつつある。このように市場に放出された株式の受け皿となったのが，外国人株主である。1990年以降，株価が下落し，日本企業の株式が割安となった。そこで，国際的な分散投資を行う海外の機関投資家が市場に放出された株式を自らのポートフォリオに組み込んだのである。

このような事情を反映して，1990 (平成2) 年以降，保有株式の売却を行った金融機関の持株比率は低下している。また，株式の持合い解消売りを進めた事業法人も，その持株比率が低下した。一方，持合い解消の受け皿となった外国人株主の持株比率が，1989 (平成元) 年以降に増加している。同じ企業集団内の金融機関や事業会社が自社の株式を保有できなくなると，これまで株主として重視していなかった個人株主にも株式を保有してもらう必要がある。

図4-1から明らかなように，近年，個人株主の持株比率に大きな変動はない。しかし，全国証券取引所 (2003) によれば，個人株主の数は1994年度に約2720万人であったが，2003年度には3400万人に増加している。その理由として，個人株主が株式投資を行う環境が整備されてきたことがあげられる。たとえば，1999年からすべての株式委託売買手数料が自由化され，売買手数料の低下が実現した。また，2001年の商法改正により単元株制度が新設され，上場会社が投資単位の引下げを行う際の法律上の制約が緩和された。その結果，

投資家は小口の資金でも株式投資を行うことが可能となった。さらに，90年代後半になると，インターネットが一般家庭にも普及したため，オンラインを活用した株式等の売買が行われるようになった。インターネット取引の普及も個人株主が増加した一因と考えられる。

　それでは，個人株主は経営者に対する監視活動を適切に行える経済主体になりうるのであろうか。個々の個人株主は持株比率が低いので，経営活動のモニタリングによる費用と便益を比較すると[20]，費用が便益を上回り，モニタリングのインセンティブ（誘因）は弱いと考えられる。したがって，個々の個人株主は経営活動を監視しないと予想される。しかし，大量の株式を保有する機関投資家は，便益が費用を上回り，経営活動のモニタリングを行うインセンティブは強い。

　さらに，個人株主が企業経営に不満を抱いたとしても，各々の個人株主の持株比率は低いので，議決権を行使しても経営者に及ぼす影響力は限られている。したがって，個人株主は，将来の株価の増加が見込めない株式を売却するウォールストリート・ルール（Wall Street rule）に従わざるをえない。

　一方，機関投資家は大量の株式を保有しているため，投資先企業の業績が悪化した場合に当該企業の株式を売却すると，株価が大幅に下落して，損失を被る可能性がある。そこで，機関投資家は，投資先企業の経営に不満がある場合，議決権を行使するなどして，企業経営に対して発言（voice）する「モノ言う株主」になった。

　外国人株主には年金基金や投資信託などの機関投資家が含まれている。年金基金や投資信託は，個人から少額の資金を集めて，株式や社債などに分散投資を行う。たとえば，カリフォルニア州職員退職年金基金（California Public Employee Retirement System, CalPERS）は，投資ファンドなどを通して，日本株への投資活動を開始しており，投資先企業のコーポレート・ガバナンス強化を求めて日本の公的年金と連携を図ろうとしている。

　さらに，少子・高齢化社会を迎えた日本では，年金基金の役割が非常に重要となってきた。日本の企業年金の積み立て資産額が急速に増大しており，年金

信託の持株比率は高まっている。外国人株主や日本の年金信託等の持株比率が高まれば，保有株式の発行企業の経営効率を株主として厳しくチェックするようになると予想される。

このような株式の所有構造の変化を反映して，一部の日本企業はEVA (Economic Value Added) を導入して[21]，売上高重視の経営から資本効率を重視した経営への転換をめざしたり，IR (Investor Relations) 活動を積極的に行うことにより[22]，アナリストから高い評価を得て，株式時価総額を高めようとしている。また，「企業は株主のもの」という認識が広く行き渡っている欧米で一般的な株主資本利益率 (Return on Equity, ROE) を企業の経営目標として掲げる企業が日本でも増加している[23]。

バブル崩壊以前，日本企業の大株主が企業集団内の都市銀行や事業法人であり，株主が経営に干渉することはほとんどなかった。このため，日本企業は株主を軽視した行動をとってきたとされる。しかし，バブル崩壊以降，日本企業の株式所有構造は変化し，都市銀行や事業会社の持株比率が低下し，これに代わって年金基金や外国人株主，個人株主が企業への支配力を増強させてきた。今後，日本企業は新しいタイプの株主を満足させるために，株主重視の行動が一層求められることになるであろう。

注
(1) 公企業や協同組合の説明は，小松 (2000)，増地・佐々木 (2001)，汪 (2001) を参照されたい。
(2) この他の会社として，保険会社のみが採用できる相互会社がある。相互会社の説明は，紙幅の関係で割愛する。
(3) 法律上，社員とは社団の構成員，すなわち出資者を意味する。
(4) 現在では，2003年2月施行の新事業創出促進法に基づき，資本金が1円でも会社を設立できるが，設立後5年以内に増資しなければならない。
(5) 株式は，「株主の地位」を表し，株券は，抽象的な「株主の地位」を目に見える証券に置き換えたものである。両者の意味が異なる点に留意されたい。
(6) 資金調達の多様化を図るため，株式会社は権利内容の異なる株式を発行することもできる。たとえば，本来の株式である普通株より，利益配当や残余財産の分配を優先して受けられる優先株がある。株式会社は，優先株に対して議決権を与えないことも

可能であり，株式の種類により付与する株主権を自由に決定できる。
（7） 商法特例法では，資本と負債の金額により，株式会社を大会社，中会社，そして小会社の3つに分類している。大会社は，資本の額が5億円以上，または負債の合計金額が200億円以上の株式会社である。小会社は，資本の額が1億円以下，かつ負債の合計金額が200億円未満の株式会社である。中会社は，大会社と小会社以外の株式会社である。
（8） 総会屋は，会社の株式を所有して，株主総会を混乱させると脅し，企業から金品の供与を要求する人である。現行法では，会社が総会屋に利益を供与しても，総会屋が会社に利益を要求しても罰せられる。
（9） 株主総会の運営方法に不満をもつ株主に対する配慮から，一部の企業は集中日を避けて株主総会を開催したり，総会後に株主懇談会等を開いたりしている。
（10） ソニー，東芝，三菱電機，日立製作所など，委員会等設置会社へ移行した会社もあるが，委員会等設置会社は全上場企業のごく一部に過ぎない。トヨタ自動車や松下電器産業などは，日本企業に委員会等設置会社は馴染まないとして，執行役員制を採用している。近年の商法改正により，日本企業が選択できる経営機構は増加した。今後，経営者は企業価値を高めるのに有利な経営機構はどのようなタイプか検討して，自社に最も適合するタイプを選択する必要がある。
（11） 中会社が会計監査人の監査を受けることを選択すれば，大会社と同様に扱われる，「みなし大会社」となる。
（12） 執行役員は商法上の機関ではないが，執行役は商法上の機関である。
（13） 社外取締役とは，現在も過去も会社または子会社の代表取締役，業務担当取締役，使用人でない取締役を指す。
（14） 従来の監査役設置会社では，「重要な財産の処分・譲受」や「多額の借財」に関する決定を行う重要財産委員会を設置し，経営の意思決定権限を委譲することが可能である。会社に多数の取締役がいて取締役会が機能していない場合に，同委員会を設置することにより，意思決定の迅速化を図ることを狙いとしている。しかし，同委員会を設置する会社は少数であったので，2006年に施行予定の会社法では，同委員会は廃止され，特別取締役制度が創設される。
（15） 本節では紙幅の都合で，新会社法の全てを説明することは困難である。法務省民事局のホームページ（http://www.moj.go.jp/MINJI/minji96.pdf）から，会社法の条文やパンフレット（「使える・使おう会社法」）がダウンロードできる。新会社法の詳細は，これらの資料を参照されたい。
（16） 会計参与とは，取締役と共同で計算書類を作成する税理士や公認会計士であり，株式会社は任意でこれを設置できる。
（17） この他にも，創業者には株式公開による次のメリットがある。株式が会社設立時よりも高く評価されれば，創業者は創業者利益を得られる。

(18) 敵対的な企業買収とは，買収企業が，被買収企業の合意なしに株式の買収を行い，支配権を獲得する行為である。この際にしばしば用いられる方法が，株式の公開買付け (take-over bid; TOB) である。これは，買収企業が，一定の条件（期間，数量，価格）のもとで，被買収企業の株式を買い取ることを公表し，被買収企業の支配権を強制的に獲得する方法である。

(19) 各企業集団の社長会は次の通りである。三菱グループは金曜会，三井グループは二木会，住友グループは白水会，第一勧銀グループは三金会，芙蓉グループは芙蓉会，三和グループは三水会である。

(20) ここで，モニタリングの費用とは，投資先の企業活動に関する情報収集や分析などの費用を指す。また，便益とは，モニタリングの結果，株主総会で議決権行使をしたり，株主提案をして企業業績を向上させることにより実現する，株価の値上り益や配当金の増額である。

(21) EVA とは，株主に対する収益還元をみるもので NOPAT（税引後営業利益）から資本コスト額（投下資本×加重平均資本コスト率）を差し引いた絶対額で表される。これがプラスなら株主の期待以上の価値を創造したと評価される。米国のスターン・スチュワート (Stern Stewart) 社が開発した指標である。

(22) IR とは，上場企業が行う投資家向けの広報活動であり，株主，投資家，アナリスト，ファンドマネジャーなどを対象とし，企業が資本市場で正当な評価を得ることを目的とする。日本では，80 年代後半以降，IR への関心が高まってきた。

(23) ROE は純利益を株主資本で除した値であり，企業が株主資本をいかに効率的に利用して利益を生み出したかを示す指標である。2005 年 4 月 25 日付の日本経済新聞（朝刊）によれば，2005 年 3 月期の連結ベースで日本企業の ROE は 7.8％に上昇し，バブル経済崩壊後の最高水準に達した。しかし，米国の約 15％，英国の 12％と比較して，日本企業の ROE は低い水準にある。

引用・参考文献

岸田雅雄 (2003)『ゼミナール会社法入門』第 5 版，日本経済新聞社
小松章 (2000)『企業形態論』第 2 版，新世社
公正取引委員会 (2001)「企業集団の実態について～第七次調査報告書～」(http://www.jftc.go.jp/pressrelease/kenkyukai.htm)
増地昭男・佐々木弘 (2001)『最新・現代企業論』八千代出版
ニッセイ基礎研究所 (2004)「株式持ち合い状況調査 2003 年度版」(http://www.nli-research.co.jp/pub.html)
汪志平 (2001)『企業形態要論』中央経済社
全国証券取引所 (2002)「平成 14 年度株式分布状況調査の調査結果について」(http://www.tse.or.jp/data/examination/distribute.html)

全国証券取引所 (2003)「平成15年度株式分布状況調査の調査結果について」(http://www.tse.or.jp/data/examination/distribute.html)

第5章　経営分析の理論

はじめに

　現代社会における経済および科学技術等の進展はめざましく，また自然環境も含めた企業の経営環境は，非常に複雑化してきている。そのような状況のもとで，企業が，経済の持続的発展のために，どのように社会的責任を果たし，貢献しているかについて，その利害関係者に報告することは，必要不可欠となってきている。また，企業を取り巻く種々の利害関係者は，それぞれの目的のために，非計量的なものをも考慮し，さまざまな情報を利用して意思決定を行う。その分析のためのデータは，企業の経営について公表されたものについては，財務的なもののみならず非財務的なものもあり，またそれらのデータにもとづきさまざまな企業分析が可能であるが，そのなかでも財務分析，特に財務諸表分析は基本的で，必要不可欠なものとなる。そこで本章では，企業の経営について，財務諸表等の開示された情報に基づき，企業の状況，特に経営成績および財政状態に関して，どのような分析がなされうるかを中心に概説する。

1　経営分析とは

　経営分析 (Business Analysis) は，企業の実態を把握するための概念と分析手法の総体であるが，古くは融資者のための信用分析や投資家のための証券分析にそのはじまりがあり，その後，財務諸表分析 (financial statement analysis) を

中心として，財務比率等を利用するなどさまざまな分析手法が，開発され，実務に適用されてきた。また経営分析は，貨幣的に表現されているという意味での財務的 (financial) データに基づく財務分析あるいは財務諸表分析のみならず，非財務的データに基づく分析も含むものであり，企業をとりまくさまざまな利害関係者の分析目的のための非財務的データに基づく分析も数多くなされてきている。またコンピュータ技術や多変量解析等の手法の発達にともない，それらの分析については，さまざまな展開がなされてきている。

　企業の実態を把握しようとするステークホルダーにはさまざまなものがあり，それに対応してその分析目的も異なるものとなる。そこで，いかなる経営分析主体および分析目的が存在し，そのためにどのような分析データと分析方法により検討がなされるかについて理解することは重要である。本章では，その理論について概説する。

経営分析の分析主体と分析目的

　経営分析とは，経営分析主体が，その特定の意思決定目的のために，企業の実態を把握し，その経営内容を評価するための概念と分析手法の総体を指す。

　経営分析は，その分析主体が企業の外部者か，あるいは企業の内部者かにより外部分析と内部分析に大きく二分される。図5-1に例を示すように，分析主体としてのさまざまな利害関係者が存在し，分析目的もその分析主体に対応して種々の目的が考えられる。

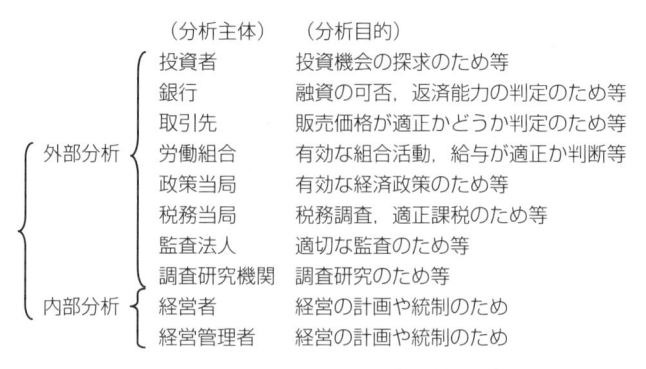

```
            （分析主体）   （分析目的）
          ┌ 投資者       投資機会の探求のため等
          │ 銀行         融資の可否，返済能力の判定のため等
          │ 取引先       販売価格が適正かどうか判定のため等
   外部分析 ┤ 労働組合     有効な組合活動，給与が適正か判断等
          │ 政策当局     有効な経済政策のため等
          │ 税務当局     税務調査，適正課税のため等
          │ 監査法人     適切な監査のため等
          └ 調査研究機関 調査研究のため等
   内部分析 ┤ 経営者       経営の計画や統制のため
          └ 経営管理者   経営の計画や統制のため
```

図5-1　経営分析主体と分析目的

なお外部分析は，内部分析と比べ，分析のためのデータの入手に関して限界があり，その分析の対象は公表されているもの，たとえば財務諸表(financial statement)におけるデータが中心であり，財務諸表分析(financial statement analysis)は，伝統的で一般的な方法である。

財務諸表データに基づき企業実態を把握する場合，主要なものとして経営成績と財政状態の把握があげられる。そこで経営成績の把握は，企業の利益獲得能力(profitability)を判定するもの，すなわち収益性分析であり，その主な情報源は，損益計算書(Profit and Loss Statement, P/L; Income Statement, I/S)となる。また財政状態の把握の主要なものは，企業の支払能力を判定するもの，すなわち安全性分析である。その分析においては，貸借対照表(Balance Sheet, B/S)の情報が重要なものとなる。

経営分析の体系

経営分析は，その属性によりさまざまな観点から分類されるが，以下にその代表的なものについて示す。

図5-2に示すように，貨幣的に表現されたデータすなわち財務データに基づく分析としての財務資料分析と，貨幣的に表現されないデータすなわち非財務データに基づく非財務資料分析に，経営分析は大きく区分される。

財務資料分析をどのような側面を重点として分析するかにより区分されるが，その代表的なものを示すと，図5-2に示すように，収益性分析，安全性分析，生産性分析，成長性分析等があげられる。収益性分析とは，企業の利益獲得能力についての分析，安全性分析は，企業の支払能力に関する分析，生産性分析は，企業のインプットに対するアウトプットに関する能率についての分析，そして成長性分析は，企業の発展する力についての分析である。また粉飾に関する分析，倒産予知，企業価値に関する分析等も財務資料に基づく分析となる。

非財務資料分析すなわち貨幣価値で表現されないデータに基づく分析では，定性的な分析が重要となるが，そこでは業界動向，企業の知名度，トップ経営者や従業員の資質，企業の歴史(企業史)，新製品の開発能力，企業グループについての分析等が重要となる。

```
          ┌ 収益性分析（比率分析，利益増減分析，損益分岐分析）
          │ 安全性分析（流動性分析，健全性分析，キャッシュフロー分析）
┌ 財務資料分析 ┤ 生産性分析（付加価値分析）
│         │ 成長性分析（比率分析，成長要因分析）
│         └ その他の分析（粉飾分析，倒産予知，企業価値評価）
└ 非財務資料分析……業界動向，企業の知名度，トップ経営者や従業員の資質，企業の歴史
  （企業史），新製品の開発能力等の分析
```

図5-2　経営分析の体系

　財務資料分析は，図5-3のように，時点および期間に基づき得られる財務データについて，その差を中心に検討する比較分析的側面がある。これはさらに静的分析と動的分析に分かれる。静的分析は，特定の時点におけるデータに基づいて，そのストックに関する分析を行うものである。また動的分析は，ある期間のフローに関する分析を行うものであるが，その分析にあたっては，異なる複数の時点のデータおよびその期間のフローにより検討がなされる。

　静的分析は，特定の時点におけるデータに基づく分析であるが，自社の実績に関する分析としての自己実績分析と，同業他社の実績あるいは業界平均値のような標準値との比較分析としての同一時期相互比較分析に分けられる。また動的分析に関しても，時系列的なデータをもとに，自社の実績に関する分析を行う異時自己比較分析と同業他社の実績あるいは業界平均値のような標準値との比較分析を行う異時相互比較分析に区分される。

```
        ┌ 静的分析 ┌ 自己実績分析
比較分析 ┤       └ 同一時期相互比較分析
        └ 動的分析 ┌ 異時自己比較分析
                └ 異時相互比較分析
```

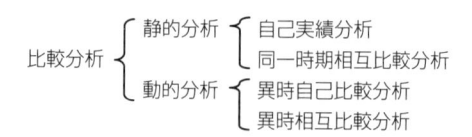

図5-3　経営分析の比較分析

　財務資料分析は，図5-4に示すように，財務数値データについては，それらの数値自身の特徴について検討する数値分析的側面がある。

　数値分析は，金額としての実数値に基づく実数分析と，検討対象となる2つの金額の割合をもとにして分析を行う比率分析に大きく区分される。

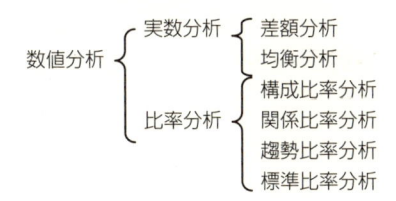

```
                  ┌ 実数分析 ┌ 差額分析
                  │         └ 均衡分析
数値分析 ┤                  ┌ 構成比率分析
                  │         │ 関係比率分析
                  └ 比率分析 ┤ 趨勢比率分析
                            └ 標準比率分析
```

図 5-4　経営分析の数値分析

　実数分析は，1期間あるいは複数期間の損益計算書，貸借対照表の実際の数値をデータとして行われる分析であり，さらに差額分析と均衡分析に区分される。差額分析は，比較損益計算書や比較貸借対照表に関して，あるいは流動資産と流動負債の差額で定義される（正味）運転資本のように，差額を求め，その原因について分析を行うものである。また均衡分析は，費用・収益の等しくなる点および費用，収益および損益の関係について分析する損益分岐（点）分析や総資本を回収できる売上高および資本との関係について分析する資本回収（点）分析のように，均衡点を中心としてその関連を分析するものである。

　比率分析は，構成比率分析，関係比率分析，趨勢比率分析および標準比率分析に大きく区分される。そこで構成比率分析は，ある項目について，全体の大きさに対する部分の大きさ，あるいは全体に占める部分の割合，すなわちバランスをみようとするものである。関係比率分析は，関係を有する項目について，その相対的割合にもとづき，その関係を分析するものである。趨勢比率分析は，前年比や伸び率等によって，時系列的な傾向について分析，あるいは基準時における大きさを 100（％）とし，その増減に基づき分析するものである。標準比率分析は，科学的に設定された標準値に対し実績値がどのような乖離による差異かを明らかにし，必要に応じ原因を分析するものである。

　なお財務データの入手にあたっては，各社のホームページ上に公開された財務情報や EDINET の利用が可能である。

2 経営分析における質的データと量的データ

経営分析で取り扱われるデータについては，さまざまなものがあり，種々の分析目的に応じて統計解析あるいは多変量解析等の分析技法が利用される。その際，データにどのようなものがあるかを理解しておくことは重要である。そこで以下に尺度 (scales) の分類に基づいてデータを説明する。まず数量的に把握し表現される量的データと，量的な把握が困難であり質的に把握される質的データに大きく区分される。また観測における測定の相違により，図5-5のように質的データは，名義尺度によるものと順序尺度によるものに分けられ，量的データについては，間隔尺度によるものと比（率）尺度によるものからなる。名義尺度によるデータは，学籍番号，背番号，男女あるいは企業の区別のように，個体間における同値関係のみ決定しうる。すなわちある個体が他と異なるか否かの判断の基準となり，その加減乗除については意味がないデータであり，カテゴリカルデータとも呼ばれる。さらに順序尺度によるデータは，アンケートにおける5段階評価のようなものや，ランキングづけのような等値関係だけでなく順序関係まで表すことができるデータである。加算はきわめて狭い範囲でしか成立せず，平均値をとることは意味がないデータである。次に間隔尺度によるデータは，温度（℃），時刻のようにその数値間における差あるいは間隔が意味をもつデータである。なお等値関係，順序関係および差が定義され，平均値や分散が意味をもつものとなる。また比（率）尺度によるデータは，長さ，重量や貨幣額のように等値関係，順序関係および差が定義されるだけでなく，ある属性についてある個体が他の個体よりも何倍大きいという判断

```
         ┌ 質的データ ┌ 名義尺度によるデータ
         │           └ 順序尺度によるデータ
データ ┤
         │           ┌ 間隔尺度によるデータ
         └ 量的データ └ 比（率）尺度によるデータ
```

図5-5 尺度によるデータの分類

の基準を定義できるデータであり、原点としてのゼロが意味をもつ。

　経営分析において、定性的なデータを定量的データに数量化し、分析する際にはデータがどのような特性をもつものであるかを把握することが重要である。また企業評価に影響を及ぼす要因を質的なものと量的なものに整理し、さらに質的なものをカテゴリカルにデータとしてグループ分けできる要因とランクづけできる要因に区分し、また量的に把握される要因については、差を定義できる要因、さらには何倍というように比率で評価できる要因にわける必要がある。また質的な要因についてはカテゴリカルにしか扱えないものであっても、数量化できそうなものについては、歪みを生じさせない範囲で、貨幣数値に変換し、財務分析に利用することは有用である。なお貨幣数値に変換するためには、手間と労力が必要となるが、情報の経済性を考慮したうえで、処理する必要がある。

3　損益計算書と貸借対照表の基本構造

　財務諸表分析あるいは財務分析において損益計算書および貸借対照表は、その分析のための重要な情報源となる。次にそれらの基本構造について述べる。

　損益計算書は、企業の経営成績すなわち企業における収益、費用による損益の状況を表すが、その損益計算の構造は以下に示す通りである。

　企業の本来の営業活動から生じた収益としての売上高 (営業収益) から、それと個別的対応関係が比較的強い売上原価を控除することにより (5.1) 式のように、売上総利益が求められる。

$$売上高 - 売上原価 = 売上総利益 \tag{5.1}$$

さらに売上総利益から販売活動および全般的な管理活動から生ずる販売費及び一般管理費を控除したものが営業利益であり、(5.2) 式のように表される。

$$売上総利益 - 販売費及び一般管理費 = 営業利益 \tag{5.2}$$

　また営業利益に主たる営業活動以外のいわゆる財務金融上の取引によって生

ずる営業外収益と営業外費用を加減することにより，毎期反復的で正常な活動による利益としての経常利益が (5.3) 式のように求められる。

　　　　営業利益＋営業外収益－営業外費用＝経常利益　　　　　　　(5.3)

さらに臨時的あるいは前期以前の損益修正にかかわる特別利益および特別損失を加減し，(5.4) 式のように，税引前当期（純）利益となる。

　　　　経常利益＋特別利益－特別損失＝税引前当期純利益　　　　　(5.4)

また税引前当期（純）利益から法人税等を控除することにより，(5.5) 式のように当期（純）利益が算出される。

　　　　税引前当期（純）利益－法人税等＝当期（純）利益　　　　　(5.5)

以上の損益計算の基本構造を勘定式（Tフォーム）による損益計算書で，その概要を表すと図5-6のようになる。

企業のある時点における財政状態すなわち企業における資産，負債および資本の状態を表すものが，貸借対照表であり，その貸借対照表の基本的構造を示すと以下の通りである。

貸借対照表における借方には資産が計上されており，これは，企業資金の運用形態を表す。また資産は，正常営業循環基準および1年基準に基づき流動資産と固定資産に分けられ，企業の支払能力および弁済能力が明らかにされる。流動資産は，さらに当座資産，棚卸資産およびその他の流動資産に分けられる。

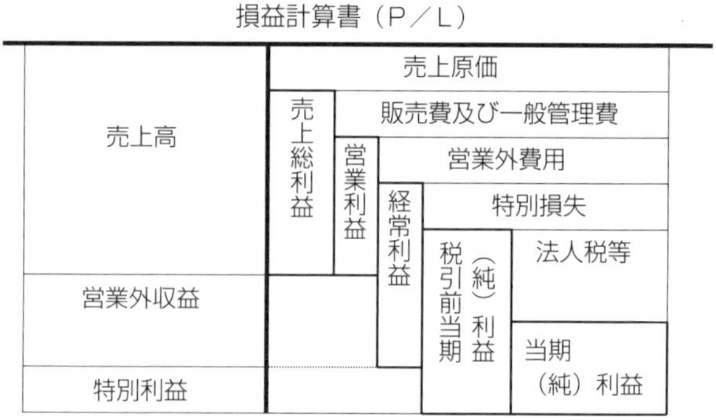

図5-6　損益計算書の基本構造

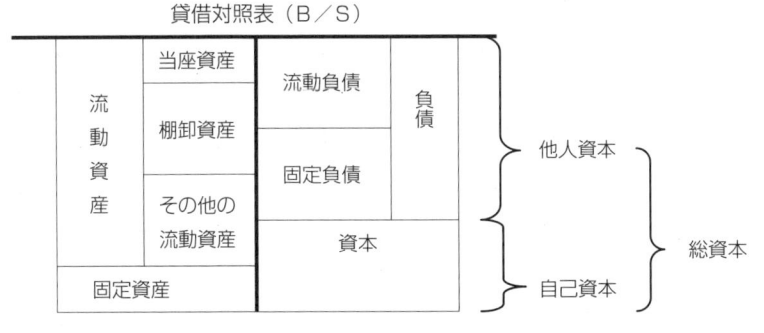

図 5-7　貸借対照表の基本構造

なお当座資産は，販売の努力なしに実質的に支払手段となりうるが，棚卸資産は，市場を通して現金化されて支払手段となりうるというように弁済能力に違いがある。また貸方の負債および資本については，企業資金の調達源泉の相違から，所有主でないものが出した資本としての負債を他人資本，所有主が出した資本としての資本を自己資本という。そこで他人資本と自己資本を合わせたものが，総資本となる。また負債は流動性の観点から1年以内に弁済すべき流動負債とそれが1年を超える固定負債に分けられる。

以上の貸借対照表の基本構造を勘定式（Tフォーム）によって，その概要を示すと図5-7のように表される。

4　収益性分析

企業の継続的発展のためには，毎期の利益獲得は必要不可欠となる。そこで企業の利益を獲得する能力すなわち収益性 (profitability) について分析を行うのが収益性分析である。なお対象期間の経営成績を表す損益計算書は重要な情報源となり，その利益額等の実数値に基づき分析がなされ，また貸借対照表等のデータと合わせて，比率を求め利益獲得能力が評価される。また実数値に基づく損益分岐分析等の分析も有用である。

利益獲得能力を測るための代表的な指標として，総資本利益率 (Return On Investment: ROI) があげられるが，これは企業資金の投資効率をみるものであり，(5.6) 式のように示される。ただし分母の資本は，対象となる分析期間を通じて企業に拘束される，あるいは投資に利用される資本の平均有高を利用して算出するのが適切である。なお分子の利益としては，売上総利益，営業利益，経常利益，純利益等が利用され，また分母の資本としては，総資本，経営総資本，自己資本等が利用され，目的に応じて，それらを組み合わせて種々の資本利益率についての分析がなされる。なお経営総資本とは，企業の本来の目的としての経営活動すなわち生産・販売活動に利用される資本である。したがって，総資本の額から投資資産，繰延資産，遊休資産および建設仮勘定等の未稼働資産等の各金額を控除したものとなる。

$$資本利益率 = \frac{利益}{(平均)資本} = \frac{利益}{売上高} \times \frac{売上高}{(平均)資本} \quad (5.6)$$
$$= 売上高利益率 \times 資本回転率$$

資本利益率は，(5.6) 式のように売上高を利用して，売上高利益率と資本回転率の積に分解して表され，売上高利益率は，後に示すように各種費用費率との関係で分析可能となり，また資本回転率は，各種回転期間との関係でさらに分析されうる。

前述の資本利益率において，資本を自己資本とした場合は，(5.7) 式のように分解することにより分析が可能となる。

$$自己資本利益率 = \frac{当期利益}{(平均)自己資本} = \frac{当期利益}{売上高} \times \frac{売上高}{総資本} \times \frac{総資本}{(平均)自己資本} \quad (5.7)$$
$$= 売上高利益率 \times 総資本回転率 \times (1 + 負債比率)$$

(5.7) 式に示すように，自己資本利益率は，売上高利益率，総資本回転率および1に負債比率を加えた値の積で表される。最後の項は財務レバレッジとの関係からも分析される。なお負債比率は，負債を自己資本で割ったもの (負債／自己資本) である。

自己資本利益率に関連して，ROE (Return On Equity) は，株主資本利益率と

訳され，重視される指標の1つであるが，これは自己資本税引後当期純利益率に対応する指標である。

売上高利益率は，収益性の指標の1つであるが，損益計算書から対象期間の成果としての売上高と利益に基づき分析するものであり，さらに種々の費用比率との関係についても分析が可能となる。そこで売上高営業利益率を例にとり示すと次のようになる。

売上高営業利益率は (5.8) 式に示されるように，営業利益を売上高で割ったものであり，経営努力の成果としての売上高に対し，企業の主たる営業活動から得られた利益がどの程度かという効率について表したものである。

$$売上高営業利益率 = \frac{営業利益}{売上高} = \frac{売上高 - 売上原価 - 販売費及び一般管理費}{売上高}$$
$$= 1 - 売上原価率 - 販管費比率 \qquad (5.8)$$
$$= 売上高総利益率 - 販管費比率$$

営業利益は，(5.8) 式のように売上原価率（＝売上原価／売上高），販管費比率（＝販売費及び一般管理費／売上高）等の費用比率と合わせて分析がなされる。なお1から売上原価率をひいた値は，売上総利益率（＝売上総利益／売上高）であり粗利率とも呼ばれ，この比率に関する分析も重要となる。

5　回転率と回転期間

回転率と回転期間は，お互いに逆数の関係にあり，表現は異なるが，効率の度合いを2つの側面からみたものである。回転率は，対象となるアウトフローの額をそのストックの平均有高で割って (5.9) 式のように表される。

$$回転率 = \frac{アウトフロー}{ストック（平均有高）} \qquad (5.9)$$

なお回転期間は回転率の逆数として，(5.10) 式のように表される。

$$\text{回転期間} = \frac{\text{ストック（平均有高）}}{\text{アウトフロー}} = \frac{1}{\text{回転率}} \quad (5.10)$$

資本回転率は，資本の利用度あるいは効率を表し，アウトフローとして売上高をとり，それが対象期間のストックとしての平均有高の何回分にあたるか，すなわち期間あたりの回収回数を表す指標である。したがって投下資本にたいし，成果としての売上高がどの程度であったかが示される。

各種資産あるいは各種負債の項目について回転率を考える場合，たとえば売上債権回転率や買入債務回転率等では，その項目についての入れ替わりの速度あるいは新陳代謝の度合いとしての指標となる。

売上債権回転率については，(5.11)式に示されるように，分子に当期の売上債権の回収高，分母をその期間を通しての売上債権の平均有高とすることにより求められる。なお近似的にはアウトフローとして売上高を用いることにより求められる。なお平均有高については，対象期間が1年間で月次のデータも利用可能な場合は，期首と各月末のデータ13個の平均を利用するのが望ましい。

$$\text{売上債権回転率} = \frac{\text{当期売上債権回収高}}{\text{売上債権平均有高}} \fallingdotseq \frac{\text{当期売上高}}{\text{売上債権平均有高}} \quad (5.11)$$

売上債権回転期間は，(5.12)式のように，売上債権回転率の逆数として表され，ストックとしての売上債権平均有高がどのくらいの時間で入れ替わるかを表す。すなわち売上債権がどのくらいの期間で回収されるかを表す。アウトフローとしての売上高が，年当たりのフローすなわち年間売上高の場合は，売上債権回転期間の単位は年となり，回転日数に変換したい場合は，これに365をかけて表すことができる。

$$\text{売上債権回転期間} = \frac{\text{売上債権平均有高}}{\text{当期売上債権回収高}} \fallingdotseq \frac{\text{売上債権平均有高}}{\text{当期売上高}} \quad (5.12)$$

買入債務回転率は，厳密にはアウトフローとしての当期買入債務返済額をストックとしての買入債務平均有高で除することによって計算され，その返済の速度がわかる。なお簡便的には，アウトフローを売上高として近似される。またその逆数により買入債務回転期間が計算される。

棚卸資産回転率は，棚卸資産のアウトフローとして，当期の売上原価が対応するので，これをストックとしての棚卸資産平均有高で除することによって計算され，その入れ替わりの速度がわかる。なお簡便的には，アウトフローを売上高として近似できる。また棚卸資産回転率の逆数により棚卸資産回転期間が計算される。

6 安全性分析

　安全性分析は，企業の支払能力を分析するものであり，支払能力は財務構造に影響を受けるので，貸借対照表データはとくに重要となる。ただし必要に応じ損益計算書のデータも利用し，分析される。なお比率による分析の他に，資金運用表，財政状態変動表，資金繰表等に基づき資金収支に関して行う資金分析も安全性分析に含まれる。

　流動比率は，流動資産と流動負債の関係から支払能力を判断するものであるが，その金額的把握も重要である。すなわち1年以内に形態をかえる（現金化される）流動資産から1年以内に返済すべき流動負債を控除した差額としての（正味）運転資本の額の大きさで返済能力を評価するものである。流動比率は，(5.13)式のように表され，向こう1年以内に返済すべき流動負債を期末時点の流動資産でどの程度まかなえるかにより，支払能力を評価するものである。

$$流動比率 = \frac{流動資産}{流動負債} \times 100 \quad (\%) \qquad (5.13)$$

　当座比率は，流動比率と分子が異なり，当座資産を流動負債で除して求められる。流動比率と同様に支払能力を表すが，より即時的な支払能力を示す。

$$当座比率 = \frac{当座資産}{流動負債} \times 100 \quad (\%) \qquad (5.14)$$

　固定資産への投資は長期にわたり，すなわち1年を超えて企業資金を拘束する。そこで，このような資金をどのような源泉から調達しているかを表す指標

として固定長期適合率および固定比率がある。固定長期適合率は，(5.15) 式のように，固定資産への投資資金が，返済期限が1年を超える固定負債，あるいは調達時に返済期限が設定されていない自己資本のように比較的返済期限に余裕のある資金で，どの程度まかなわれているかを表す指標である。

$$固定長期適合率 = \frac{固定資産}{固定負債 + 自己資本} \times 100 \quad (\%) \qquad (5.15)$$

固定比率は，固定長期適合率と同様の指標であるが，分母は返済期限がとくにない調達源泉としての自己資本であり，(5.16) 式のように示される。

$$固定比率 = \frac{固定資産}{自己資本} \times 100 \quad (\%) \qquad (5.16)$$

流動比率，当座比率，固定長期適合率および固定比率は，財務構造と関係が深く，安全性を表す指標であるが，そのデータは貸借対照表に基づくものであるので，静的分析のための指標といえる。

動的分析として，当該期間のフローとしての経常収入と経常支出により収支状況をみるものとして，代表的な指標としては，経常収支比率があげられるが，これは，(5.17) 式のようにして求められる。

$$経常収支比率 = \frac{経常収入}{経常支出} \times 100 \quad (\%) \qquad (5.17)$$

経常収支比率については，収支分析の指標として位置づけられる。

7　生産性分析

生産性は，経営資源の投入 (input) に対する産出 (output) の効率を測定するものであり，投入に対する産出の効率として，(5.18) 式のようにして求められる。

$$生産性 = \frac{産出}{投入} \times 100 \quad (\%) \qquad (5.18)$$

生産性を評価する場合には，(5.18)式における投入および産出の測定単位が貨幣単位であるか，あるいは物量単位であるかについては，留意が必要である。

生産性を表す場合に利用される付加価値について示すと，企業が，その活動によって商品・製品に新たに付け加えた価値であり，たとえば製造業において，他企業から購入した材料（この材料は他の企業の産出物であり，これを前給付，その評価額を前給付額と呼ぶ）および，さらに労働力を投入し，機械設備等の固定資産を利用して製造し，販売する活動によって新たに付け加えられた価値が，付加価値となる。なお付加価値に減価償却費を含む場合を，粗付加価値と呼び，減価償却費を含まない場合を純付加価値という。

付加価値の測定方法としては，売上高から前給付額を差し引く控除法（減算方式）と企業が新たに付け加えた価値を加えていく集計法（加算方式）がある。

控除法については，日本生産性本部（現社会経済生産性本部）を例にとると，付加価値は(5.19)式のように計算される。

$$純付加価値 = 売上高 - \{(原材料費 + 支払経費 + 減価償却費)$$
$$+ (期首棚卸高 - 期末棚卸高) \pm 付加価値調整項目\} \quad (5.19)$$

集計法について，日本銀行統計局の例では，(5.20)式のように表される。

$$（粗）付加価値 = 経常利益 + 人件費 + 金融費用 + 賃借料$$
$$+ 租税公課 (+ 減価償却費) \quad (5.20)$$

産出額および投入額のとらえ方により，さまざまな指標が存在するが，物量および貨幣価値という区分における物量をさらに区分し，人，物，金という投入の相違により，次のように大きく3つに分けられる。

人に関する，すなわち労働力の投入に対する生産性の指標としては，労働生産性があげられる。労働生産性は，(5.21)式のように売上高を利用して分解され，従業員1人当たり売上高と付加価値率の積で表して分析される。

$$労働生産性 = \frac{付加価値}{(平均)従業員数} = \frac{売上高}{(平均)従業員数} \times \frac{付加価値}{売上高} \quad (5.21)$$
$$= 1人当たり売上高 \times 付加価値率$$

物量で表される物に関するなかでも設備の投入に対する生産性の指標として

は，(5.22) 式のような設備投資効率があげられる。

$$設備投資効率 = \frac{付加価値}{平均稼働有形固定資産} \times 100 \quad (\%) \tag{5.22}$$

また貨幣価値で表現される資本の投入に対する生産性の指標としては，(5.23) 式に示されるような資本生産性があげられる。これも売上高を利用して分解し，総資本回転率と付加価値率の積としてさらに分析することが可能である。

$$資本生産性 = \frac{付加価値}{(平均)総資本} = \frac{売上高}{(平均)総資本} \times \frac{付加価値}{売上高} \tag{5.23}$$
$$= 総資本回転率 \times 付加価値率$$

労働生産性は，(5.24) 式に示されるように人件費を利用して分解され，また有形固定資産を利用した場合は，(5.25) 式のように分解し，分析される。

$$労働生産性 = \frac{付加価値}{(平均)従業員数} = \frac{人件費}{(平均)従業員数} \times \frac{付加価値}{人件費} \tag{5.24}$$
$$= 1人当たり人件費 \div 労働分配率$$

$$労働生産性 = \frac{付加価値}{(平均)従業員数} = \frac{平均有形固定資産}{(平均)従業員数} \times \frac{付加価値}{平均有形固定資産} \tag{5.25}$$
$$= 労働装備率 \times 設備投資効率$$

貨幣価値を利用し，生産性を測定する場合には，前述のように付加価値が重要な役割を果たす。

8 成長性分析

成長性分析は，企業がその規模を拡大しているか否かについて，時系列的に評価するものであり，その規模の尺度としては，さまざまなものがあるがとくに重要なものとしては，売上高，利益，資本，付加価値等があげられる。これらについての評価の指標としては，前年比や伸び率等があげられ，またその規

模の増減について分析するものとしては，基準時における大きさを100 (%)として，時系列的な傾向について分析するものである．時系列的な前年比や伸び率等の代表的指標としては，売上高成長率，利益成長率があげられる．

売上高成長率は，当期の売上高から前期売上高を差し引いた変化額を前期の売上高で割ったものであり，(5.26) 式のように表される．

$$売上高成長率 = \frac{当期売上高 - 前期売上高}{前期売上高} \times 100 \quad (\%) \tag{5.26}$$

利益成長率は，(5.27) 式のように当期利益から前期利益を差し引いた利益の変化額を前期利益で除したものである．

$$利益成長率 = \frac{当期利益 - 前期利益}{前期利益} \times 100 \quad (\%) \tag{5.27}$$

資本成長率は，(5.28) 式のように当期資本から前期資本を差し引いた資本の変化額を前期資本で除したものである．

$$資本成長率 = \frac{当期資本 - 前期資本}{前期資本} \times 100 \quad (\%) \tag{5.28}$$

成長力の分析に，研究開発の努力をどの程度行っているかにより，代理変数的に測ろうとする指標として，(5.29) 式に示されるような売上高研究費比率があげられる．

$$売上高研究費比率 = \frac{研究費}{売上高} \times 100 \quad (\%) \tag{5.29}$$

この他の成長性の指標としては，市場の需要に対応する能力を測る指標として，どのくらい新製品開発に力を入れているか評価する指標として，新製品比率 (新製品売上高／売上高) があげられる．

成長性を評価する場合に，前年比 (＝当期／前期) のデータを算術平均 (arithmetic mean) することは，誤りであり，幾何平均 (geometric mean) により処理すべき点は注意を要する．

9 損益分岐点分析と資本回収点分析

　企業の損益構造や資本構造に基づき利益等に関して，さまざまな方法で分析がなされるが，企業の収益構造と費用構造に焦点をあて，損益がゼロの点いわゆる損益分岐点を中心として損益構造を分析するのが損益分岐点分析である。また資本構造について検討がなされるのが資本回収点分析である。

損益分岐分析

　企業の経営活動における原価 (cost)，活動量 (volume) および利益 (profit) の関係について分析するための技法の集合が，CVP 分析 (Cost-Volume-Profit Analysis) であり，目的に応じさまざまな展開がなされる。それらの技法の1つである損益分岐 (点) 分析 (Break Even (point) Analysis) は，企業の活動を単純にわかりやすく把握することが可能な代表的な手法であるが，その単純さゆえに，さまざまな仮定に基づいている。その仮定は，片岡 (1987) によれば次の通りである。

　仮定1　企業の活動量を表す尺度，すなわち売上高，販売数量，作業時間等の諸変数のうちから目的と条件に適合するよう選択された一つの変数によって企業活動が記述され，原価と収益が決定される。

　仮定2　企業の原価は，活動量の変化に基づいて変動費と固定費に区分される。

　仮定3　変動費は，活動量の変化に応じて常に比例して変動する。

　仮定4　経営諸条件 (生産能力，方法，作業条件等) は活動量の変化にかかわらず変化せず，したがって固定費は一定である。

　仮定5　収益は，活動量の増減にかかわらず，その変化率が一定のままで変化する。

　仮定6　期首在庫高と期末在庫高は等しい。

　仮定7　企業は単一品種の製品を生産し販売している。あるいは多品種の場合は，そのミックスが常に一定であるか，あるいは単一品種製品の数

量に変換しうる。

仮定8 すべての変数は連続量である。

なお，これら以外に，原価あるいは収益等の各種パラメータの推定に関し，確実性下の仮定があげられる。したがって変動費や固定費等のパラメータの推定が不確実な場合は，確率論あるいは感度分析等の適用が必要となる。

以上の仮定に基づき，損益分岐分析は，実務にとって簡便で有効なものとなる。そこで，利益がゼロとなる売上高いわゆる損益分岐点売上高は，(5.30) 式のように表される。なお変動費率は売上高に対する変動費の割合（＝変動費／売上高）である。

$$損益分岐点売上高 = \frac{固定費}{1-変動費率} \qquad (5.30)$$

またその関係を図示すると，図5-8のようになる。

損益分岐点比率は，その期の売上高に対する損益分岐点売上高（＝損益分岐点売上高／売上高）の割合であり，損益分岐点売上高が現状の売上高に対しどの程度かを表す。これに関連して安全余裕率は，(5.31) のように表され，現状の売上高がどのくらい損益分岐点売上高を上回っているかを示す。

$$安全余裕率 = \frac{売上高 - 損益分岐点売上高}{売上高} = 1 - 損益分岐点比率 \qquad (5.31)$$

資本回収点分析

企業の資本構造を中心に分析する資本回収点分析については，次の通りである。総資本は，売上高の変化に応じて変動する変動的資本と売上高の変化に応じては変動しない固定的資本とに分けられる（総資本＝変動的資本＋固定的資本）。変動的資本は，売上高に対し一定の割合で，すなわち変動的資本比率で変化する（変動的資本＝変動的資本比率×売上高）。そこで資本回収点は，総資本を回収できる点であり，資本回収点売上高は，次式のように表される。

$$資本回収点売上高 = \frac{固定的資本}{1-変動的資本比率} \qquad (5.32)$$

その関係を図示する場合，売上高を横軸に，総資本を縦軸にとって，図5-8

図5-8　損益分岐図表

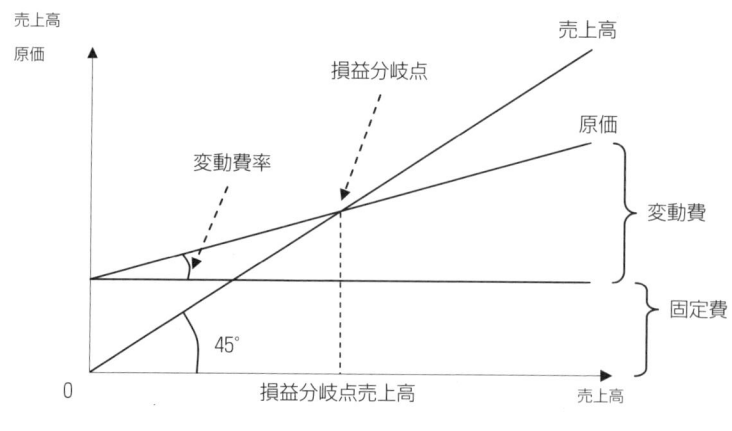

の損益分岐図表に形式上類似した形で表現される。

10　キャッシュフロー分析および企業価値分析

　企業におけるキャッシュフローに関する動的分析，企業が価値を創造しているかについての企業価値分析も，ステークホルダーにとって重要である。

キャッシュフロー分析

　キャッシュフロー分析は，現在から将来にわたる現金稼得能力をキャッシュフローによって測定し，分析を行うものである。そこでキャッシュフロー・データは，損益計算書，貸借対照表に並ぶ第3の財務諸表としてのキャッシュフロー計算書より得られる。なおキャッシュフロー計算書では，企業の経済活動を営業活動，投資活動および財務活動の3つに区分し，各々のキャッシュフローが表示される。キャッシュフロー計算書における資金概念は「現金および現金同等物」であり，現金とは手元現金および要求払預金をさし，また現金同等物とは容易に換金可能であり，かつ価格の変動についてわずかなリスクしか負わない短期投資を指す。キャッシュフロー計算書では，営業活動によるキャッ

シュフロー,投資活動によるキャッシュフローおよび財務活動によるキャッシュフローが,区分表示される。キャッシュフロー計算書におけるキャッシュフロー・データに基づき,金額そのものについて実数分析もなされるが,キャッシュフローを売上高で割ったキャッシュフロー・マージン(=キャッシュフロー/売上高)をはじめとしてさまざまな指標による比率分析がなされる。なおキャッシュフロー計算書におけるキャッシュフロー・データに基づく分析は,動的分析に位置づけられる。

企業価値分析

ステークホルダーの満足を得るために,企業は企業価値を高める必要があるが,企業価値は,将来キャッシュフローを現在価値に割り引いたものとされる。なお株主価値は,企業価値から負債価値を控除した額で示される(株主価値=企業価値-負債価値)。

企業評価のための代表的基準として,アメリカのコンサルタント会社スターン・スチュワート社(Stern Stewart & Co.)の登録商標 $EVA^®$ があげられる。$EVA^®$ (economic value added,経済(的)付加価値)は,税引後営業利益(net operating profits, after taxes, NOPAT)が資本コストを上回る額であり,税引後営業利益から資本コストの額を差し引くことにより求められる($EVA^®$ =税引後営業利益-資本コスト)。ただし資本コストは,税引後の負債資本コストと株主資本コストの和である。$EVA^®$ は,使用資本,使用資本税引後営業利益率(return on assets, ROA)および加重平均資本コスト(weighted average cost of capital, WACC)に基づき,(5.33)式のようにも表される。

$$EVA^® = (ROA - WACC) \times 使用資本 \qquad (5.33)$$

なお加重平均資本コストは,負債資本と株主資本の構成割合に基づく,負債資本コスト率と株主資本コスト率の加重平均であり,(5.34)式のように表される。なお使用資本は,株主資本と負債資本の和である。

$$WACC = 負債の資本コスト率 \times \frac{負債}{使用資本} + 株主資本の資本コスト率 \times \frac{株主資本}{使用資本} \qquad (5.34)$$

このように $EVA^®$ は,株主価値を意識し,株主資本コストを考慮に入れた

企業評価の指標である。

引用・参考文献
大倉雄次郎 (2005)『企業評価入門』第2版
片岡洋一 (1987)「損益分岐点と不確実性」SUT Bulletin, Vol.4, No.2, pp.17-21.
日本経営分析学会編 (2005)『経営分析事典』税務経理協会
日本管理会計学会編 (2005)『管理会計学大辞典』中央経済社
浜田和樹 (2003)「第12章 経営分析」『管理会計学テキスト』第3版, 税務経理協会, pp.177-192.

第6章　CSR経営の展開

はじめに

　21世紀の企業経営をとりまく環境として，グローバリゼーション，IT革命，地球環境問題等のイシューが指摘されているが，企業をとりまく環境は複雑性を増しており，環境との相互作用においてより一層緻密な戦略を構築することが求められるようになってきている。21世紀の企業経営のモデルとはいかなるものか，この命題の答えを探すべく経営学も進化を続けているわけであるが，20世紀の企業モデルとの対比においてひとつの解を引き出すことは可能である。すなわち，20世紀は大量生産－大量消費の社会経済システムが確立された世紀であり，企業はひたすら量的拡大路線を追求した。石油，石炭，鉄鉱石等の地下資源を大量に消費し，技術革新により機械化，自動化が進んだ工場で製品を大量生産し，消費者の購買意欲を刺激して大量販売した。いうなれば，20世紀の企業モデルとは「量的経営」であったのである。20世紀を代表する産業といわれる自動車産業は，こうしたモデルの典型ともいえる。しかしながら，こうした企業モデルは便利で豊かな社会の形成に貢献する一方，資源の枯渇や地球温暖化，廃棄物問題等に象徴される負の側面も生み出した。20世紀の終盤には，こうした負の側面の影響が看過できない状態となり，とりわけ1990年代に入ると地球環境問題に対する国際的な関心の高まりを受けて，国内外において環境保全の法整備が強化され，大量生産－大量消費の社会経済システムの下で「量的経営」を追求する従来の企業モデルは社会的に許容されない状況になりつつある。このような状況を踏まえて，21世紀の企業には従来型のモ

デルとは異なる新たな企業モデルの構築が求められている。それは量的拡大から質的高度化への転換である。この質的高度化には多様な意味が含まれるが，前述の地球環境問題との関連でいえば資源の浪費をやめて資源生産性の向上を図る，環境配慮型の製品を開発する，使用済み製品のリサイクルシステムを確立する等の内容が包含される。こうした経営は，前出の「量的経営」に対して「質的経営」と定義することができよう。

　少し前置きが長くなったが，本章の主たる関心事は，21世紀の新たな企業モデルと位置づけるこの「質的経営」を解剖し，理論武装を施すことにある。その際，分析のためのツールとして活用しようと考えているのがCSRの概念である。CSRは，1990年代の後半以降，欧米諸国を中心に急速に普及し，「量的経営」から「質的経営」への転換を進める強力なドライビング・フォースとなっている。ただ現状においては，従来の社会的責任論との間で混乱も生じており，「質的経営」への転換を図るためCSRを経営のプロセスに組み込んだものの，十分消化し切れていない企業も見受けられる。本章では，CSRを企業競争力との関連性においてとらえ，ポートフォリオや組織能力といった主として組織論的なアプローチによりCSR経営の理論化を図る作業を行いたい。

1　CSRとは何か

　まずはじめにCSRとはいかなるものか，その概念を整理する作業から始めることにしたい。CSRとはCorporate Social Responsibilityの略で企業の社会的責任を意味する用語である。企業の社会的責任に関する議論は，企業経営の現場では古くから存在し，フォード自動車の創業者であるヘンリー・フォード1世の経営哲学である「企業は社会に対する奉仕の機関」，同じく松下電器産業の創業者である松下幸之助の「企業は社会の公器」等の考え方は，企業活動の目的を営利追求に求めるのではなく社会の厚生に置くもので，社会的責任論との関連で多くの場で語られてきた。また，企業利益の一部をコミュニティの

活動や文化，芸術，学術団体等に寄付する社会活動は，メセナ，フィランソロピーと呼ばれ企業活動の一部に組み込まれてきた。このように企業の社会的責任に関する議論，取り組みは古くから存在し1990年代後半以降のCSRへとつながっていくわけで，CSRと従来の社会的責任論は別個のものとしてとらえるのではなく，連続した直線上で理解する必要がある。ただ，現在議論されているCSRと従来の社会的責任論の間には認識すべき概念上の乖離がありその点を理解しておく必要があるが，ここではまず1990年代後半以降，CSRの考え方が急速に広まっていった背景について述べておこう。

CSR台頭の背景

　1990年代の後半といえば，日本ではバブル経済崩壊の後遺症に苦しみ，金融不安や失業率の上昇，株価の下落等長期不況の只中にあったが，一方，世界に目を転じるとインターネットの普及に代表されるIT革命が起こり，その勝者であるアメリカの一人勝ちの下，経済のグローバル化が急速に進行した時期であった。企業活動は国籍，国境を越えて世界規模で展開される時代に入り，多国籍企業がダイナミックな活動を展開する一方で，グローバリゼーションにともなう負の側面も顕在化した。すなわち，グローバリゼーションはたしかにヒト，モノ，カネ，情報といった経営資源の国際的な流れを加速させ，ダイナミックな経済活動を演出させたが，必ずしもローカルエリアの経済を活性化させるわけではなく，グローバリゼーションの波に乗った一部の「勝ち組」と波に乗れない「負け組」の優勝劣敗の構図が明瞭となった[1]。また，開発途上国で活動する多国籍企業のなかには明らかに先進諸国では許容されない労働条件（低賃金労働，児童就労，劣悪な安全対策等）の下で利益をあげる企業もあった[2]。こうしたグローバリゼーションにともなう負の側面が間接的にCSRの流れを後押しした点は十分指摘できる。さらに，1990年代の後半は地球環境問題への国内外の取り組みが進展した時期でもあった。工業化にともなう環境汚染問題については先進諸国ではすでに1960年代から顕在化していたが，この時期はまだローカルエリアの問題として処理され，国際的な関心事には至らなかった[3]。しかし，1980年代に入ると地球温暖化やオゾン層の破壊等地球

環境の悪化を示す科学的データが次々と公表され，国際的な危機感が高まった。90年代には温室効果ガスの削減目標を定めた1997年の京都議定書をはじめとしてさまざまな国内外の取り決めがなされ，環境保全の国際的な潮流が定まった。こうした環境保全の流れがCSRに及ぼした影響は大きい。さらにもう1点，国連の果たした役割についても指摘しておこう。前述した地球環境問題との関連でいえば，国連はストックホルム（1972年），リオデジャネイロ（1992年），ヨハネスブルク（2002年）と過去3回，大規模な国際会議を主導しており環境保全の国際的な潮流の形成に大きな役割を果たしている。しかし，ここでとくに強調しておきたい点は1999年にアナン事務総長が提唱した「グローバル・コンパクト」の考え方である。アナン氏は世界の企業のリーダーに対して，人権，労働，環境の3つの分野において9つの普遍的な原則を提示し，企業がそれらの原則を支持し取り入れて実践することで，持続可能かつ包括的なグローバル経済の発展に貢献することを求めた（2004年に腐敗防止に関する原則が追加さ

表6-1 「グローバル・コンパクト」の10原則

人権 　原則1　企業はその影響の及ぶ範囲内で国際的に宣言されている人権の擁護を支持し，尊する。 　原則2　人権侵害に加担しない。 労働 　原則3　組合結成の自由と団体交渉権を実効あるものにする。 　原則4　あらゆる種類の強制労働を排除する。 　原則5　児童労働を実効的に廃止する。 　原則6　雇用と職業に関する差別を排除する。 環境 　原則7　環境問題の予防的なアプローチを支持する。 　原則8　環境に対して一層の責任を担うためのイニシアチブをとる。 　原則9　環境を守るための技術の開発と普及を促進する。 腐敗防止 　原則10　強要と賄賂を含むあらゆる形態の腐敗を防止するために取り組む。

（出所）　所伸之（2005）『進化する環境経営』税務経理協会．p.146．

れ,現在は10原則になっている)。この「グローバル・コンパクト」の理念はCSRの普及に多大の影響を及ぼしている。

CSRのエッセンス

さて,前述したようにCSRの考え方は1990年代の後半に欧米諸国を中心に広まったが,そのエッセンスとはいかなるものであろうか。すでに指摘したように,企業経営の場において語られてきた従来の社会的責任論とCSRは別個のものとしてとらえるべきではなく,社会的責任論の延長線上にCSRが存在すると認識すべきである。しかしながら,それでは両者はまったく同質のもので,CSRのなかに従来の社会的責任論にはない新しい理念なり思考が埋め込まれていないかといえば必ずしもそうとばかりはいえない。むしろ,CSRブームあるいはCSRバブルとも称される現在の状況の下で,CSRを表層的にとらえるのではなく,深耕することで内在する新しい理念,思考を掘り起こすことこそが重要である。そうしたCSRに対する深い洞察,理解に基づいてCSRを企業経営に組み込むことが,本章の関心事でもある企業競争力に結びつくことにつながる。

CSRが台頭する時代背景については前項において指摘したが,CSRのフレームワーク形成に直接影響を及ぼしたとみられるのが「トリプル・ボトム・ライン」の考え方である。「トリプル・ボトム・ライン」とは,企業活動を評価する指標として「経済性」「環境性」「社会性」の3つの指標を提示し,各指標の評価により総合的に企業を格づけしようというもので,イギリスのコンサルティング会社を主宰するジョン・エルキントン氏が1997年に提唱した企業評価の新しい尺度である。

昨今のCSRブームを反映して,現在ではコンサルティング会社,監査法人,NPO,マスメディア等の機関が企業のCSRの評価,格づけを手がけるようになっているが,評価項目の中

図6-1 トリプル・ボトム・ラインの考え方

身については統一されておらず，まちまちなのが現状である。しかしながら，「経済性」「環境性」「社会性」の3つの視点から評価するという基本スタンスは一致しており，「トリプル・ボトム・ライン」の考え方はCSRのエッセンスとして定着している。そこで，この考え方がCSRのフレームワークを形成しているとすれば，そこに埋め込まれている新しい理念，思考とは何かという疑問が次に湧いてくる。ここでは以下の2つの点を指摘しておこう。

　まず第1の点は，「トリプル・ボトム・ライン」の導入は優良企業（エクセレント・カンパニー）の基準に変更をもたらしたという点である。株式会社等の営利企業を対象とした場合，優良企業の基準といえば財務パフォーマンスの良し悪しで判断するのがこれまでの常識であった。すなわち，売上高や経常利益の大きさ，あるいは株主資本利益率の高さといった財務データが当該企業が優良企業であるか否かを判断する際の重要な判断材料であったわけである。前出の3つの指標でいえば「経済性」の指標がこれに該当する。しかしながら，「トリプル・ボトム・ライン」に基づく評価では，この基準はオールマイティではない。つまり，財務パフォーマンスが優れていても環境問題への取り組みが遅れている（環境性の指標），育児休暇制度や女性の管理職への登用等の従業員管理に問題がある（社会性の指標）等で全体としての評価が高くない場合，当該企業は優良企業としての評価を勝ち得ることはできない。重要なことは3つの指標のバランスであり，3指標間のばらつき，格差が著しいような企業は優良企業として認定されないということである。

　次に第2の点として，「トリプル・ボトム・ライン」の導入により，従来の企業の社会的責任論とCSRとの間の差異化が明瞭になった点が指摘できる。従来の社会的責任論は規範論的な性格が強く，ことさら「環境性」や「社会性」の側面を強調しがちで「経済性」の側面を軽視する傾向があった[4]。営利追求，利益至上主義が幅を利かせる時代にあって，企業の社会的責任の重要性を訴えるためには，こうしたスタンスも一定の意味をもつことは確かであるが，現実の企業経営との間にギャップがあったことは否めない。これに対して「トリプル・ボトム・ライン」に基づくCSRは，企業に「環境性」や「社会

性」の重視のみを要求するものではない。すでに指摘したように，CSR の核心，キーイシューは3指標間のバランスにあるのであり，「経済性」「環境性」「社会性」のパフォーマンスに優れた総合力のある企業が評価されるという点に留意しなければならない。そして，こうした企業経営を実践することで発想のブレークスルーが起こり，新たなイノベーションが生み出される可能性も指摘できる。この点については後述する。

　さて以上，本節においては CSR の概念を検討してきたわけであるが，次節では CSR の実践を通じて企業競争力を高めるという視点から CSR のポートフォリオについて検討する。

2　CSR のポートフォリオ

　企業経営のプロセスに CSR を組み込み，CSR の実践を通じて企業価値を高める，あるいは企業競争力の強化に結びつけるという議論が盛んに行われているが，その具体的な手法に関してはあいまいな部分が多い。そもそも CSR を企業競争力との関連でとらえようとするのであれば，両者を結びつける経営戦略の思考回路が設定されなければならない。経営戦略とは一般的には「企業がその目標を達成するために選択すべき基本的方向性」と定義されるが，経営戦略策定のプロセスは2段階に分けて考える必要がある。第1段階は，企業をとりまく内外の環境を分析することである。つまり，市場の動向や競争相手の動き等の外部環境の分析，および企業内部の経営資源（ヒト，モノ，カネ，情報，知識等）の強みや弱みといった内部環境の分析を進めることで，企業が置かれている状況をできるかぎり正確に把握する必要がある。そして第2段階では，第1段階で得られた状況分析の結果に基づき，具体的な目標を設定し，それを達成するための道筋を示す作業が行われることになる。CSR の実践を通じて企業競争力の強化を図りたいと企業が考えるのであれば，こうした経営戦略のプロセスを履行する必要がある。CSR の専門部署を設置しただけで，場当た

り的な対応に終始していたのでは企業競争力の強化など望むべくもない。ここでは，野村総合研究所が提唱している「戦略的CSRの基本フレーム」の考え方を紹介してみたい。

野村総合研究所の「戦略的CSRの基本フレーム」

野村総合研究所では，CSRを効果的に企業経営のプロセスに取り込むための指標として「戦略的CSRの基本フレーム」という考え方を提唱している。

この基本フレームは，企業が取り組むべきCSRの領域を「守りの倫理−攻めの倫理」「事業内領域−事業外領域」の2軸でとらえ，「企業倫理・社会責任」「投資的社会貢献活動」「事業活動を通じた社会革新」という3つの領域をプロットしている。野村総合研究所の説明に従い，各々の意味するところを略述しておこう(5)。縦軸の「守りの倫理−攻めの倫理」についてであるが，守

- ABCの3領域でバランスよく戦略的に社会との関係を構築すべき
- 競争優位を築くための鍵は，B〜C領域での戦略的思考にある

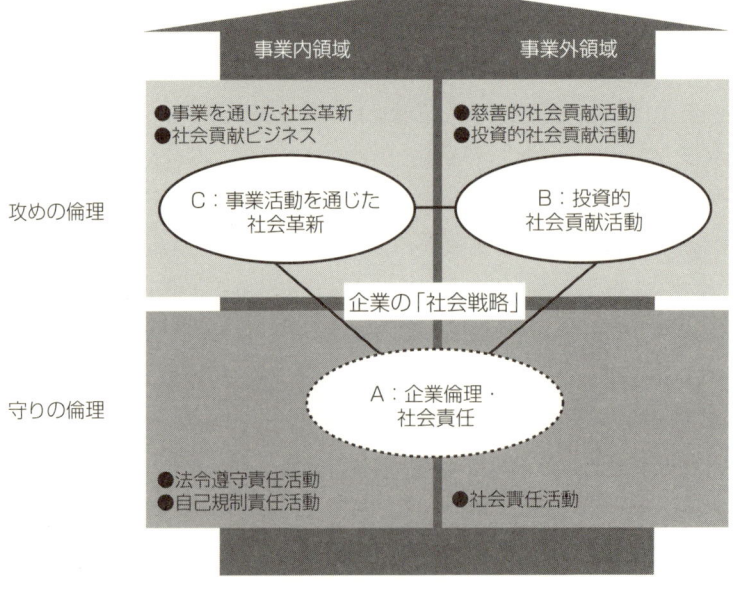

図6-2　戦略的CSRの基本フレーム

(出所) 野村総合研究所

りの倫理とは企業活動を展開するうえで社会に負の影響を及ぼさない，あるいは仮に何らかの負の影響を及ぼした場合には，それをゼロに戻す取り組みを指す。これに対して攻めの倫理とは，企業活動を通じて社会に正の影響をもたらす取り組みを意味する。また横軸の「事業内領域－事業外領域」については，事業内領域が当該企業の事業の範囲内での取り組みを指すのに対し，事業外領域は事業の枠外での取り組みを意味する。

　そしてこの2軸の組み合わせにより設定される3つの領域のなかで「守りの倫理」－「事業内領域」「事業外領域」の組み合わせにおいては「企業倫理・社会責任」という領域がプロットされている。具体的な内容としては，法令遵守責任活動・自己規制責任活動（事業内領域），社会責任活動（事業外領域）があげられている。このカテゴリーは「守りの倫理」に属しており，基本的に企業活動の過程で生じるマイナスの作用にどう対応するかといった点に関心が絞られる。コンプライアンスはその中心に位置するが，重要なことはこの領域はCSRを実践するうえでの最低ラインと位置づけられることであり，CSRの必要条件ではあるが十分条件ではないという点である。

　次に，「攻めの倫理」－「事業外領域」の組み合わせでは「投資的社会貢献活動」という領域が設定される。具体的な取り組みとしては慈善的社会貢献活動，投資的社会貢献活動があげられている。この領域は「攻めの倫理」に位置づけられるため，前出の「企業倫理・社会責任」の場合とは異なり，フォーカスはマイナス作用の逓減に置かれるのではなく，CSRの実践を通じていかに企業価値を高めるかというプラス作用の部分に当てられることになる。そのための手段として事業外の分野で社会貢献活動が求められるわけであるが，この活動も慈善的と投資的の2種類に分類されている。社会貢献活動というと前者のイメージが強いが，見返りを求めない純粋なチャリティ活動だけではなく，企業価値へのリターンを期待する戦略的フィランソロピーの考え方をもった活動も存在する。このあたりの使い分けをうまく行うことがポイントになる。

　最後に「攻めの倫理」－「事業内領域」の組み合わせでは，「事業活動を通じた社会革新」の領域が設定され，「事業を通じた社会革新」「社会貢献ビジネ

ス」があげられている。企業活動の目的の1つが利益の追求にあることはたしかであるが、それを第1義的なものとしてはとらえず、事業を展開することで社会革新（ソーシャル・イノベーション）や社会価値の創造を図ろうとする企業も存在する。こうした企業は社会志向企業（ソーシャル・エンタープライズ）と呼ばれ、組織形態こそ異なるもののNPOとも類似性を有する。動物実験を一切行わないことで知られるボディショップなどが、こうした企業の代表格といえる。

野村総合研究所では、この「戦略的CSRの基本フレーム」を活用するにあたって留意すべき点を指摘している。それは、CSRはこれまでの社会的責任論の性格からどうしても受動的なものとして受け取られがちであるが、「やらされるもの」という発想から「経営戦略のツール」として積極的に活用し、企業価値を高めるという発想に転換すべきであるという点である。つまり、CSRには「守りのCSR」のみならず「攻めのCSR」も存在するという点が強調されている。企業関係者のなかには、CSRを環境汚染問題や企業不祥事の問題と結びつけて考え、できるかぎり社会に与えるマイナスの影響を少なくすることこそがCSRの本質だと考えている人も少なくない。たしかにそれはCSRの重要な側面には違いないが、それがすべてではない。むしろ今求められていることは、そうしたネガティブな発想ではなくポジティブな発想である。つまり、「守りのCSR」の土台の上にいかにして「攻めのCSR」を築くかという視点が重要なのである。「戦略的CSRの基本フレーム」はそうしたCSRに対する発想の転換を促すうえで有益な指標であるといえよう。

CSRのポートフォリオ戦略

ここでは、野村総合研究所の提唱する「戦略的CSRの基本フレーム」をベースにCSRのポートフォリオ戦略について考えてみたい。ポートフォリオ戦略については、ボストンコンサルティンググループが開発したPPM（Product Portfolio Management）の指標が良く知られている。PPMは、多角化戦略をとる企業が効率的な資源配分を行うための1つの考え方であり、市場成長率と相対的市場シェアの2軸で構成されるマトリックス上に4つの事業領域をプロットしたものである。CSRの実践に当たってもこうした事業のポートフォリオを

第6章　CSR経営の展開　131

考え，資源の最適配分を行うという発想をもつことが重要である。「戦略的CSRの基本フレーム」はマトリックス上に3つの領域がプロットされているが，自社の持つ資源の強みと弱み，事業機会の可能性，ステークホルダーとの関係等の状況を分析し，適切なポートフォリオを構築する必要がある。ただし，CSRのポートフォリオを構想する際の制約条件として，コンプライアンスの問題を抜きにしてはならないという点が指摘できる。つまり，コンプライアンスというCSRの最低条件を満たすことができない企業が，いかに社会貢献活動や社会革新事業に取り組んだとしてもそれはまったく意味をなさないということである。たとえば，有価証券報告書の虚偽記載を長年続けてきた西武鉄道や欠陥車のリコール隠しを行った三菱自動車のような企業の場合，仮にCSRに熱心に取り組んでいたとしても社会のルールを守れない企業として厳しい評価を受けることになるわけである。したがって，「戦略的CSRの基本フレーム」に従えば，コンプライアンスに該当する「企業倫理・社会責任」の領域はCSRのポートフォリオ戦略を構想する場合，必要不可欠の部分であり，この部分を組み込むことを前提とした戦略でなければならない。

　さて，そうした前提条件の下でどのようなポートフォリオを組むかは前述の企業をとりまく内外の諸条件の分析結果によるわけであるが，その際に事業内領域と事業外領域のどちらにウェイトを置くかの選択は重要であろう。事業そのものが社会革新に結びつくような性質のものである場合には前者にウェイトが置かれ，それが困難な場合には後者に比重が置かれることになるのであろうが，事業機会の拡大や新規顧客の開拓，ブランド価値の増大等の可能性を視野に入れながら資源配分が検討される必要がある。つまり戦略的思考が求められるわけである。とくに，企業利益の一部を学術，文化，福祉等の団体に寄付する社会貢献活動は，極論すれば利益が出ている企業であれば誰でもできる活動であるのに対し，事業を通じた社会革新や社会貢献ビジネスはより戦略的な思考が必要となる。しかしながら，こうした取り組みは何も社会志向企業（ソーシャル・エンタープライズ）と呼ばれる一部の特殊な企業の専売特許ではない。戦略的な思考をもつことで社会志向企業に変身することは可能である。たとえ

ば，本業とは別に NPO と組んで環境保全活動や福祉活動に関する事業を立ち上げ，成果をあげることで社会性を持った企業として認知されブランド価値が向上するといったケースは十分考えられよう。

3 CSR と組織能力

　本節では CSR を組織能力の視点から検討してみたい。組織能力 (Organizational Capability) は，資源ベースの企業観 (Resource-based view of a firm) において用いられる概念であり，持続的な競争優位性を獲得するために必要な資源の1つとされるが，その定義に関してはあいまいな部分が多い。すなわち，組織が保有するさまざまな資源 (ヒト，モノ，カネ，情報，知識，ノウハウ等) の運用パフォーマンスを総称して組織能力と呼ぶ場合もあるし，また特定の資源のみにフォーカスを当てた使い方をする場合もある。現状においては，論者により多様な解釈，使い分けがされている概念であるが，筆者は組織能力の概念のなかには「希少性」というコンセプトが内包されていると考えている。すなわち，組織が保有するさまざまな資源のなかに他組織が容易に獲得できない資源が含まれている場合には，その資源は「希少性」をもち，当該資源を保有している組織は保有していない組織に対して持続的な競争優位性を確立することが可能となる。このような場合，当該組織の組織能力は高いと考えられるわけである。このような「希少性」をもった資源を獲得する，あるいは育成することはそう容易いことではないが，現在注目されている資源のひとつに「知識」がある。すなわち，企業活動のプロセスで創造されるさまざまな知識を融合することで資源としての「希少性」を高め，持続的な競争優位を獲得するという知識創造モデルの考え方である。ここでは CSR を知識創造モデルの視点から分析することにしたい。

弁証法的知識創造モデル

　知識創造モデルとは，企業活動を知識創造のプロセスとしてとらえ，暗黙知

と形式知という2つの知識間の変換メカニズムを緻密な現場観察により体系的に理論化したもので、日本が世界に示した初の本格的な経営学の理論として知られる。その提唱者である野中郁次郎は、アメリカ経営学の主流をなす客観主義的論理分析の限界を指摘し、主観的解釈論の立場に立った独自の知識ベースの企業観（Knowledge-based view of a firm）を展開している(6)。企業の存在目的の意味や技術者の製品開発にかける「思い」などを重視する知識創造理論は、マックス・ウェーバー以来、社会科学は科学としての客観性を重視すべきであるという西洋近代科学に対するアンチ・テーゼとも受け取れるが、人間に対する深い洞察の上に立ち、ダイナミックに展開するイノベーションのメカニズムを理論的に深化させることで世界から注視されている。

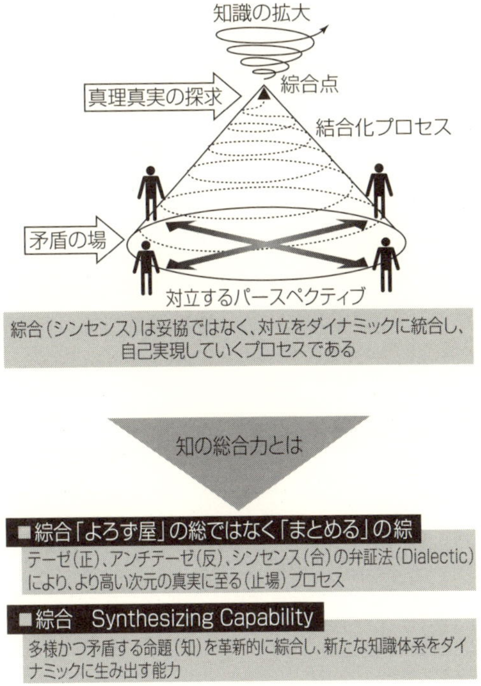

ところで、野中が知識創造理論のなかで繰り返し強調する考え方に弁証法と呼ばれる考え方がある。弁証法（dialectic）とはギリシャ語の「対話すること」という言葉に由来し、哲学用語として使用されることが多いが知識創造モデルにおいては中核的な概念となっている。野中によれば、「対話すること」と「論争すること」の意味は本質的に異なるという。すなわち、「論争すること」とは物事を白か黒か、善か悪かの二項対立の図式でとらえ、論理分析により相手を論破することを指すのに対し、「対話すること」とは物

図6-3 弁証法的知識創造モデル

（出所）野中郁次郎・勝見明（2004）『イノベーションの本質』日経BP社、p.67.

事をこうした二項対立の図式では考えず，互いに対立する点を許容し合うなかで新しい視点を見いだし，より次元の高い命題を生み出していくことであるとされる。知識創造理論では，対話を通じて対立項が止揚（アウフヘーベン）され，統合されて，より高い次元の命題に至ることを「綜合」と呼んでいる（この場合，よろず何でもありの「総合」と区別される）。そして，あらゆるイノベーションは，与えられた命題を論理分析的にブレークダウンするやり方からは生まれず，対立項を弁証法的な創造的，本質的対話を通じて止揚し，綜合していく運動により生まれるというのが，この理論の骨子である。

さらに知識創造理論では，弁証法的対話が交わされ，知識が生み出される時空間としての「場」の役割が強調される。「場」とは，「意味」ないしは「共有された文脈」をベースに特定の空間と場所と人との関係性が沸きあがって形成される時空間である。企業内にはさまざまな階層化された組織が存在するが，組織メンバーの所属を示すだけの組織は形式ベースの組織にすぎず「場」ではない。「場」が形成される状況においては，何らかの目的，命題が設定されており，これが上記した「意味」ないし「共有された文脈」にあたる。また「場」には，会議室やオフィスといった物理的な場所のみならず，メーリングリストやテレビ会議のような仮想空間，あるいは共通体験や想いといった心理的空間の概念も含まれる。「場」が設定されると，「場」に埋め込まれている「意味」や「共有された文

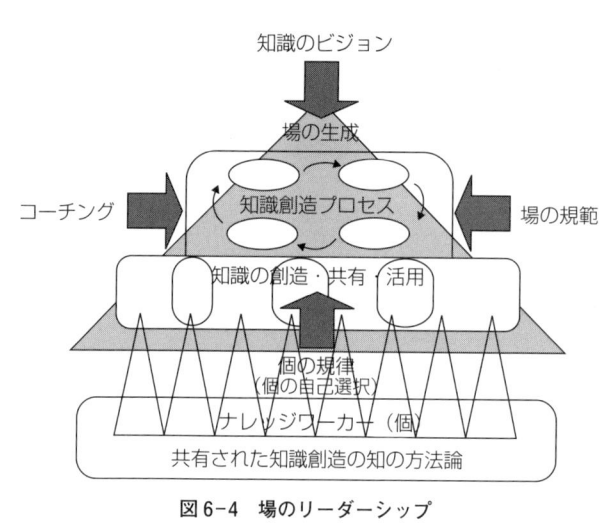

図6-4　場のリーダーシップ

(出所) 野中郁次郎・紺野登 (2003)『知識創造の方法論』東洋経済新報社, p.266.

脈」に関係性のある人間が集まり,「対話」を通じた相互作用により知識が生産されていく。これが「場」のダイナミズムである。

CSRと弁証法的知識創造モデルの関係性

ところで,この弁証法的知識創造モデルはCSRと組織能力の関係性を理論化する場合,どのような役割を果たしうるのであろうか。知識創造理論は企業活動を「知識創造」というフィルターを通して観察することで,知の生成,変換のメカニズムを明らかにし,ダイナミックな知識創造がイノベーションを誘発し,持続的な競争優位につながるとの主張を展開するが,その理論的なエッセンスからCSRと組織能力の関係性を説明することは十分可能である。すなわち,弁証法による創造的対話というこの理論のエッセンスは,CSRの実践による組織能力の向上というテーゼに対して貴重な理論武装を施すことができる。CSRの理論的骨子については前述したように,経済性,環境性,社会性の「トリプル・ボトム・ライン」がその中心であるが,実際の企業活動の場においてこの3つのバランスをとることは容易なことではない。たとえば,次のようなケースを想定してみよう。

【業績が低迷し,株価が下落している企業において,株主はコスト削減のために大規模なリストラを経営陣に要求した。一方,労働組合は従業員の雇用を守ることは企業の社会的責任であるとして雇用維持を要求した。2つのステークホルダーの要求の狭間にあって経営陣は対応策に苦慮することになる】

このようなケースは,現実の企業活動においては日常的に起こりうることであろう。その際に,経営陣が株主の要求を全面的に聞き入れて大規模なリストラを断行すれば,財務パフォーマンスは改善されるが,従業員のモティベーションは低下し,生産性が落ちる可能性がある。一方,労働組合の主張を聞き入れて雇用を守れば,従業員の支持は得られるものの財務内容のさらなる悪化をもたらすかもしれない。仮に経営陣が上記のいずれかの手段を選択したとすれば,それはその経営陣には物事を二項対立の図式でとらえるという発想しかなかったということの証である。それよりも,互いの対立点を許容し合うところ

からスタートし，「対話」を繰り返すことで共通の利害を見いだすという方法をとることの方がはるかに利点は大きい。前出のケースでいえば，雇用は守るものの人件費の見直しを進めて，成果主義の導入を図ることで，財務パフォーマンスも改善し，従業員のモティベーションも高まるという未来図を描くことが可能になるのである。

　CSR は経済性，環境性，社会性の3つの視点から総合的に企業経営を進め，3者のバランスをとることを求めているが，この3者は企業経営のプロセスにおいて相対立する場合が多い。経済性 vs 環境性・社会性の図式が一般的であり，環境問題への対応において多くの企業がコンプライアンス中心の対応に終始しているのも，環境対策に費用がかかり経済性の足を引っ張ると考えているからである。しかしながら，CSR の経済性，環境性，社会性の対立点を創造的対話を繰り返すことで解消し，より高い次元のコンセプトなり命題に至る「綜合のプロセス」を確立することができれば，当該企業の組織能力は高まる。こうした「資源」はまさに他社が容易に真似することのできない「希少性」を有しており，持続的な競争優位性の源泉になるものと考えられる。そして，こうした「綜合のプロセス」を確立するためにもう一つ重要な条件がある。それは，組織の内外に「創造的対話」を触発し展開させる「場」が形成されていることである。すでに指摘したように，「場」とは「意味」ないし「共有された文脈」をベースに関係性のある人間によって形成される時空間であり，形式的な組織の所属を示すような場とは本質的に意味が異なる。CSR との関連でいえば，企業と NPO の対話の「場」が近年，注目を集めている。企業と NPO の関係は，かつては敵対的なものが多かったが，CSR の普及とともに両者は急速に接近し，パートナーシップあるいはコラボレーションと呼ばれる親密で協力的な組織間関係を構築するケースが増えてきている。営利組織の企業と非営利組織の NPO とでは，組織の目的も編成原理も異なり，価値観の異なる異組織同士の対話の「場」は時として，誤解や相互不信が交錯する「場」ともなりうるが，弁証法的対話を繰り返すことで「新たな価値」が創出され，意義深い「社会変革」へと発展していく可能性が指摘できる。NPO の後進性を有す

るわが国においては、こうした状況は未だ萌芽的兆候の域を出ないが、新たな企業価値の創出と社会変革の両面において期待を抱かせるものである。

　以上、本章では最近、企業経営の現場においてとみに注目を集めているCSRについて、主として企業競争力の視点から理論化する作業を行ってきた。すなわち、CSRのポートフォリオ、CSRと組織能力という2つの視点からCSRの分析を主題としてきた。

　ここで、いま一度論点を整理しておきたい。昨今の日本の状況を見渡すと、かなり多くの企業がCSRに関する部署を新たに設け、CSR報告書を発行し、またCSRの格付け、ランキングが発表されたりとまさに「CSRブーム」の様相を呈しているが、そのなかではたしてどれだけの企業がCSRの本質を理解しているのか疑問が残る。すでに指摘したように、CSRの考え方自体は決して新しいものではなく、従来の社会的責任論の延長線上にあるとみられるわけであるが、それゆえ、CSRと従来の社会的責任論をまったく同質のものとしてとらえ、コンプライアンス中心の「守りのCSR」に終始している企業があまりに多くはないか。また、日本社会独特の「横並び意識」から他社もやっているのでとりあえずやっておこうという「CSR便乗派」も少なからず存在するのではないか。こうした表層的な「CSRブーム」の状況に対峙し、CSRを企業競争力というフレームワークにおいて理解するために理論武装を施すというのが本章の目的であった。たしかに、CSRを企業競争力の視点からとらえようとする動きは現在活発にみられ、書店に並ぶ本を見ると「CSRの実践を通じて企業競争力を高める」「CSRとコーポレートブランド」といったタイトルを冠した書籍が目につく。しかしながら、ベクトルは合っていても本格的な理論武装を施した書物はいまだ少ないのが現状である。繰り返しになるが、(CSR) = (コンプライアンス) ではない。コンプライアンスはCSRを実践するうえでの必要条件ではあるが十分条件ではない。いま、求められているのは (コンプライアンス) + (企業価値の創出) = CSR という方程式である。このことは、「知識」や「ブランド」といった「見えざる資産」が企業競争力を左

右する時代においてきわめて重要な意味をもつ。

　本章は，CSR を企業競争力と関連づけて理論武装を試みたが，むろん，まだ課題も残されている。経営学の領域では，理論構築と現実の企業経営の場で理論の妥当性を検証する「往復運動」が求められるが，本章ではケース分析を行うことができなかった。CSR は企業経営の現場において取組みが始まったばかりであり，「トリプル・ボトム・ライン」の視点が企業にいかなる価値をもたらすかを現状において検証することは難しい状況にある。今後の課題として明記しておく必要があろう。

　注
（1）　1999 年にアメリカのシアトルで開催された WTO の会議では，グローバリゼーションに反対する多くの団体が激しい抗議運動を展開した。
（2）　1997 年にベトナムその他東南アジア諸国で委託生産を行っていた世界最大のスポーツ用品メーカーであるアメリカのナイキ社が，下請工場の労働条件がスウェットショップ（低賃金労働，児童就労，強制労働，セクシャルハラスメント等の劣悪な労働環境の下にある工場の意）に当たるとして NGO から激しい非難を浴びた。
（3）　1971 年にローマクラブが「成長の限界」を発表，翌 72 年にはストックホルムで国連人間環境会議が開催されたが，先進諸国を除いては環境問題に関する関心は総じて低かった。
（4）　特にマルクス経済学をベースにして企業経営を批判的にとらえようとする批判経営学では，こうした傾向が強かったといえる。
（5）　詳細については伊吹英子『CSR 経営戦略—社会的責任で競争力を高める』東洋経済新報社　2005 年を参照されたい。
（6）　野中は経営戦略の代表的な理論である「市場ポジショニング理論」や「資源ベース理論」について，これらの理論は環境の分析や経営資源に基づく選択に重点が置かれ，企業が戦略を立てるうえでの目的やそれが立案，実行されるプロセスに関する分析がなされていないと批判している。

引用・参考文献

McDaniel, Charlotte (2004) *Organizational Ethics*, ASHGATE.
EC (2001) *Promoting a European Framework for Corporate Social Responsibility*, European Commission, Green Paper.
Freeman R.E.(1984) *Strategic Management: Stakeholder Approach*, Pitman.
Hamel, G., and C.K. Prahalad (1994) *Competing for the Future*, Harvard Business School Press.
伊丹敬之 (1999)『場のマネジメント―経営の新パラダイム』NTT出版
伊吹英子 (2005)『CSR経営戦略―「社会的責任」で競争力を高める』東洋経済新報社
楠木健 (1999)「組織能力と持続的な競争優位」『経営学概論』税務経理協会
Craig Smith, N.(2003) Corporate Social Responsibility: Whether or How? *California Management Review* Vol. 45, No. 4.
野中郁次郎・竹内弘高 (1996)『知識創造企業』東洋経済新報社
野中郁次郎・紺野登 (2003)『知識創造の方法論―ナレッジワーカーの作法』東洋経済新報社
野中郁次郎・遠山亮子・紺野登 (2004)「知識ベース企業理論―戦略経営のダイナミックな進化に向けて」『一橋ビジネスレビュー』52巻2号, 東洋経済新報社
野中郁次郎・勝見明 (2004)『イノベーションの本質』日経BP社
十川廣國 (2005)『CSRの本質―企業と市場・社会』中央経済社
谷本寛治編 (2004)『CSR経営―企業の社会的責任とステイクホルダー』中央経済社
所伸之 (2005)『進化する環境経営』税務経理協会

第 2 部　社会問題へのアプローチ

第7章　日本の企業統治

はじめに

　一般に，経営者と株主の目的が異なっており，両者に情報の非対称性が生じているので，経営者は株主の利益を最大化しない。たとえば，個人が，全額出資により株式会社を設立し，会社の経営も担当する場合，会社の所有と経営は一致している。このとき，会社が生み出した利益は，すべて所有経営者に帰属するため，経営者が怠慢な行動をとり，株主価値が低下する可能性はない。

　他方，株式会社の資本金を不特定多数の投資家から調達し，経営者が当該会社の株式を保有していない場合，所有と経営が分離している。エージェンシー理論では，株主をプリンシパル (principal, 本人)，経営者をエージェント (agent, 代理人) として，株主が経営者に資金の管理や運用を委託していると考える。本来，経営者は，株主の利益を高めるために株主の資金を活用する義務がある。しかし，株主が経営者の行動を常に監視することは不可能であるため，経営者は，株主の資金を自己の満足感を高めるために利用して，株主の利益を損ねる可能性もある。このような問題は，所有と経営が一致している中小企業より，大企業ほど深刻である。

　所有と経営の分離が生じている現代の大企業では，経営者が株主の利害に適う行動をとらない可能性が高い。そこで，企業経営を効率化して，株主の利益を高めるためには，経営者の行動を監視し，コントロールする必要がある。このような監視やコントロールの仕組みは，コーポレート・ガバナンス (corporate governance) と呼ばれ，日本語で企業統治と訳される[1]。バブル崩壊後の

日本企業の業績低迷は，日本企業のコーポレート・ガバナンスの問題と密接な関係がある。

　近年，企業業績を改善するために，日本企業は，ストック・オプション制度 (stock option)，執行役員制や社外取締役の導入，そして委員会等設置会社への移行など，さまざまなコーポレート・ガバナンス改革を実施してきた。本章では，このような日本企業によるガバナンス改革と経営パフォーマンスの関係について考察する。

　本章の目的は2つある。第1に，東京証券取引所が実施したアンケート調査の結果から，日本企業のコーポレート・ガバナンス改革の現状を把握することである。第2に，効率的な経営や株価の向上に寄与することが期待されているストック・オプション制度について，簡単な実証分析を行うことである。同制度は，権利付与者のモラールに作用して，企業価値を高める役割を果たすと期待されるが，後述の理由により，うまく機能しない可能性もある。そこで，本章では，同制度と企業価値との関係を実証的に分析する。さらに，ストック・オプションの採否で分類した2つのグループで，社外取締役比率，取締役の総数，外国人株主の持株比率，アメリカ型経営機構の採否に差があるか否かも分析する。

　本章の構成は，次の通りである。1節では，企業をとりまく多種多様なステークホルダー (stakeholder, 利害関係者) と企業との間にはどのような利害関係があるのか説明する。2節では，近年，日本企業の経営パフォーマンスが悪化しており，この問題を解決するために，コーポレート・ガバナンスと関連する商法の改正が行われていることを説明する。東京証券取引所は，2002年に東京証券取引所に上場する企業に対して，コーポレート・ガバナンスに関するアンケート調査を実施した。3節では，このアンケート調査の結果から，日本企業のコーポレート・ガバナンス改革がどの程度進んでいるのか考察する。4節では，ストック・オプション制度の導入の経緯や同制度のメリットとデメリットについて説明する。そして，5節では，ストック・オプション制度の導入により，日本企業の価値が増加するか否かWilcoxonの順位和検定の分析結果を

利用して検討する。最後は結論である。

1 企業をとりまくステークホルダー

　企業はさまざまなステークホルダーに囲まれて，営利を追求する活動を行っている。株式会社のステークホルダーとして，たとえば，株主，債権者，消費者，取引先企業，従業員，政府，地域住民などがあげられよう。各々のステークホルダーと企業は，次のような利害関係にある。

　企業に対して株主は出資を行い，債権者は貸付を行う。企業は株主や債権者から調達した資金を利用して，土地や建物を購入したり，取引先企業から原材料や部品等を購入する。この他にも，従業員から提供される労働力が加わり，財やサービスが生産される。消費者は市場に供給された財やサービスを購入し，企業に収益が発生する。収益から，原材料や部品等の代金，従業員への賃金が支払われる。さらに，債権者に対しては元利の返済が，政府に対しては税金が支払われる。これらの支払が行われた後に残余の利益があれば，株主に対して配当金が支払われる。

　企業業績が向上すれば，株主はより多くの配当金を得られ，株式の値上がり益も得られる。企業はより多くの原材料や部品を必要とするので，取引先企業の業績も良くなる。また，利益の増加により，従業員の所得や政府の税収も増加する。

　一方，企業業績が悪化すれば，株主は配当金を得られないし，株価が下落して株式の値下がり損が生じるかもしれない。企業が必要とする原材料や部品の数も減少するので，取引先企業の業績も悪化する。利益の減少により，従業員の所得や政府の税収も減少するし，過剰な従業員は解雇される。

　業績がさらに悪化して経営破綻を起こせば，従業員への賃金支払が滞ったり，債権者に元利の完済ができなくなる。企業が清算する場合，企業が保有する資産が売却される。その売却代金から，まず債権者に対して支払が行われ，残余

の財産があれば株主にも分配される。

　このように企業業績の良し悪しにより，株主，債権者，取引先企業，従業員，政府の経済状態は大きく変化する。また，消費者については，企業が提供する製品により，彼らの生活が影響を受ける。地域住民についても，企業が彼らに雇用の機会を提供する一方，企業活動により公害が発生すれば，地域住民の生活環境が汚染される。企業と地域住民との利害関係も深い。

　このように企業は多種多様なステークホルダーにさまざまな影響を及ぼしている。とくに，企業規模が大きい株式会社は社会に及ぼす影響がきわめて大きい。企業が社会で受け入れられるためには，経営者は，各々のステークホルダーの利益に配慮した行動をとらなければならない。企業経営者が社会的公正や環境に配慮して，株主や取引先企業だけでなく，多種多様なステークホルダーに対して責任ある経営活動を行うという考え方は，企業の社会的責任（Corporate Social Responsibility, CSR）と呼ばれる[2]。

　経営者は全てのステークホルダーに配慮した行動をとらなければならないが，ステークホルダー間で利害対立が生じた場合に，原則的にはどのステークホルダーの利益を優先すべきなのであろうか。それは株主の利益である。

　上述の通り，企業利益の分配順位は株主が最下位である。これは企業が清算する場合も同様である。さらに，従業員，取引先企業，債権者に支払われる賃金，原材料や部品の代金，金利は，契約により事前に定められた金額である。しかし，株主に支払われる配当金は，企業業績により変動するため，事業リスクは株主が負担することになる。

　株主はこのように残余利益や清算時の残余財産に対して請求権を有する。経営者が株主に配慮した経営を行えば，他のステークホルダーの利益が満たされるので，結果的にはすべてのステークホルダーが満足する状態となる。したがって，経営者は株主の利益を長期的に最大化することが望ましいのである。

2 日本企業の経営パフォーマンス

バブル経済が崩壊するまで，日本企業は米国企業ほど株主を重視せず，むしろ従業員を重視した経営を行ってきたとされている。株式の持合いにより，敵対的な企業買収が行われる可能性がきわめて低く，大株主であるメインバンクや事業会社は，平常時には自社の経営に干渉することはほとんどなかったからである。

バブル経済期の以前に，メインバンクは融資先企業の株式保有や役員派遣を通して，当該企業に規律を与えていたとされている。しかし，バブル経済期に融資先企業の銀行離れが生じた。また，バブル崩壊後，メインバンクは大量の不良債権を抱えて融資先企業の保有株式を売却したために，日本のコーポレート・ガバナンスの中心的な役割を果たすことができなくなった。

図7-1は，1960（昭和35）年から2003（平成15）年までの日本企業の総資本営業利益率をグラフにしたものである。総資本営業利益率とは，企業の収益性を判定する指標であり，営業利益を総資本で除した値である[3]。企業は，株主からの出資や銀行借入などで調達した総資本で，土地，建物，機械，原材料などを購入し，財やサービスを提供して利益を上げる。総資本営業利益率は，企業が総資本を利用してどれだけ利益をあげたかを示しており，この値が高いほど，総資本を効率的に利用してより多くの利益をあげたということになる。

総資本営業利益率の平均値を算出すると，1960年代には13.85％であった。しかし，グラフから明らかなように，総資本営業利益率は低下傾向にある。総資本営業利益率の平均値は，70年代に5.86％，80年代に4.67％となり，90年代には2.92％まで低下した。

軽部（2004）によれば，日本企業の業績低迷の理由は，売上や利益の伸びが期待できない低収益事業により多くの資本をつぎ込んだためであり，いわば投資戦略の失敗である。また，日本企業の経営者は従業員に配慮しすぎて，事業売却や撤退という痛みをともなう事業再構築に及び腰であった。

図 7-1　日本企業の総資本営業利益率（全産業，全規模）

(出所) 財務省財務総合政策研究所「法人企業統計調査」
(http://www.fabnet2.mof.go.jp/fsc/index.htm) のデータよりグラフを作成。

企業業績の改善のために，今後，どのように日本企業のコーポレート・ガバナンスの仕組みをつくり上げていくのか大きな課題となった。業績改善には，経営者の意思決定に影響を及ぼす経営機構の改革やインセンティブ報酬の導入が不可欠であり，近年，これに関連する商法改正が実施された。

たとえば，1997年の商法改正により，ストック・オプション制度が導入され，2002年4月には新株予約権制度が創設された。また，2003年4月には委員会等設置会社が導入されるなど，コーポレート・ガバナンス改革を促進するための商法改正が実施された[4]。委員会等設置会社の解禁に先駆けて，1997年にソニーは任意の制度である執行役員制を考案し，日本ではじめて導入した。

3　コーポレート・ガバナンスに関するアンケート調査

2002年に，東京証券取引所は，東京証券取引所に上場する内国会社2103社（市場第一部：1496社，市場第二部：570社，マザーズ：37社）に対して，コーポレート・ガバナンスに関するアンケートを送付し，1363社（回答回収率：64.8%（小数点第2位で四捨五入））から回答を回収した。以下では，アンケートの調査結果から，日本企業によるコーポレート・ガバナンス改革の実態を概観する。

コーポレート・ガバナンスを巡る最近の議論に関する関心度については，「大いに関心をもっている」と答えた企業（67.9%）と「多少関心をもってい

表7-1 取締役会機能強化のための具体的施策の実施状況（複数回答可）

回答内容	社数	割合（％）	前回比
a．取締役の人数の削減	494	36.2	＋8.5
b．執行役員制度の導入	466	34.2	＋12.9
c．社外取締役の選任	388	28.5	＋8.6
d．取締役へのインセンティブの付与	271	19.9	＋9.9(注)
e．その他*	291	21.3	—
f．特に実施していない	301	22.1	—

(注) 前回は「取締役の報酬制度の見直し」について回答
＊「e．その他」の主な内容
●役割分担（責任），権限責任範囲の明確化
●取締役任期の短縮
●取締役会の頻度の見直し
●執行役員等への権限委譲
(出所) 東京証券取引所 (2003)

る」と答えた企業（31.5％）を合計すると99.4％であり，ほぼすべての企業がコーポレート・ガバナンスの議論に関心をもっていた。

表7-1から，取締役会機能強化のための具体的施策として，「取締役の人数の削減」と答えた企業が36.2％で一番多い。次いで，「執行役員制度の導入」と答えた企業が34.2％，「社外取締役の選任」と答えた企業が28.5％，「取締役へのインセンティブの付与」と答えた企業が19.9％と続く。2000年に行われた前回の調査と比較して，これらの施策を実施する企業は増加している。この結果は，コーポレート・ガバナンスに関心をもつ企業が具体的な施策も実施していることを示している。

次に，取締役会機能強化のために「社外取締役の選任」を行った企業は，社外取締役をどの程度選任しているのであろうか。表7-2から，「1人」と答えた企業が52.3％，「2人」と答えた企業が25.8％となっており，社外取締役が1人か2人の企業が3/4以上を占めている。さらに，前回の調査では，「5人以上10人未満」と答えた企業が6.5％であったが，今回の調査では「5人以上」の企業が2.9％であり，割合が半分以下に減少している。

また，全取締役に占める社外取締役の割合については，「10％以上20％未満」が39.4％，「10％未満」が26.8％であり，「20％未満」の企業が過半数を占

表7-2 現在の社外取締役の人数の状況
(表7-1で「c．社外取締役の選任」と答えた会社 (388社) の具体的内容)

人数	社数	割合 (%)	前回比
10人以上	3	0.8	—(注)
6人以上10人未満	5	1.3	—(注)
5人	3	0.8	—(注)
4人	20	5.2	− 0.9
3人	45	11.6	+ 1.3
2人	100	25.8	− 2.2
1人	203	52.3	+ 4.0
回答なし	9	2.3	—
合計	388	100.0	—

(注) 前回は「5人以上10人未満」17社 (6.5%)
(出所) 東京証券取引所 (2003)

めている。以上から，社外取締役を選任している多くの企業では，社外取締役が企業の部外者であり，社内の事情に精通していないためか，その人数はきわめて少なく，取締役会の機能強化につながるのか疑わしい状況である。

取締役会機能強化のために「取締役へのインセンティブの付与」を行った企業は，報酬に関してどのような施策を行ったのであろうか。「ストック・オプションの導入」と答えた企業が最も多く87.1％であり，2番目に多い「業績連動型報酬制度の導入」(26.2％) の3倍以上であった。バブル崩壊以降，日本企業の業績は低迷している。企業業績を高めるために，ストック・オプションのように株価と報酬とを関連づける報酬制度に人気が集まっているのであろう。

「今後取締役会の機能強化のために何らかの施策を実施することを決定 (検討) しているか」との問いに対して，「はい」，「いいえ」，「分からない」と答えた企業がそれぞれ約30％あった。「はい」と答えた企業が今後予定している取締役会の機能強化のための具体的施策として，「取締役の人数の削減」，「執行役員制度の導入」，「社外取締役の選任」，そして「取締役へのインセンティブの付与」がそれぞれ約25％であった。経営者は，これら4つの施策を同程度に重要であると考えているようである。

4 ストック・オプション制度

　ストック・オプション制度とは，一定の価額で自社株式の譲渡を受ける権利を取締役または従業員に付与するインセンティブ・プランである。給与・賞与に次ぐ報酬であり，その報酬額は株価の上昇に連動するため，権利を付与された者の株価に対する意識が高まり，業績向上への意識あるいはインセンティブの向上をもたらす。

　4節では，はじめにストック・オプション制度の導入の経緯や利用状況などについて説明する。次に，ストック・オプション制度の仕組み，および同制度導入のメリットとデメリットについて説明する。

ストック・オプション制度導入の経緯

　ストック・オプション制度を世界で最初に導入したのはアメリカである[5]。アメリカでは，1990年代にハイテク株が急上昇したのを背景に，ストック・オプションが企業に普及した。しかし，2001年にエンロン事件が，そして2002年にはワールドコム事件が発生し，ストック・オプション制度の見直しムードが急速に高まった。エンロン事件に代表される不正経理は，ストック・オプションの普及によって，企業経営者が株価の上昇に過度に拘泥していたことや，ストック・オプションの企業会計上の有利な取扱いから高い収益が常態化したことで[6]，不正の隠蔽が見逃されやすい環境がつくりだされていたことに起因する。米国では，ストック・オプション制度の付与を止める企業も現れ，ストック・オプション制度は曲がり角を迎えている。

　一方，日本では，1995（平成7）年6月の暴落以来，証券市場が極度の不振に陥っており，緊急に市場の活性策を施す必要に迫られていた。経済界も，財政再建のための景気不安から，経済再建策を必要としていた。そこで，米国に倣って，1997年からストック・オプションを採用できるよう，早急に商法を改正すべきだとの意見が自民党内に起こり，「商法の一部を改正する法律案」をまとめ，1997年4月30日に国会に提出，同年5月16日に成立した。ストッ

ク・オプション制度のうち，自己株方式は同年6月1日から，新株引受権方式は同年10月1日から，それぞれ施行された[7]。

なお，自己株方式とは，オプション保有者が権利行使をした場合，企業が事前に市場で購入した株式を譲渡する方式である。また，新株引受権方式とは，オプション保有者が権利行使をした場合，企業が新規に株式を発行する方式である。

これらの方式では，付与株式数が発行済株式数の10％までとなっていたり，権利行使期間が株主総会決議後10年となっていたり，付与対象者が自社の取締役と従業員となっているなど制約があった。そこで，新株予約権方式が創設され[8]，2002年4月以降は，付与株式数や権利行使期間の制約がなくなった。また，付与対象者の範囲が子会社・関連会社の役職員や，外部のコンサルタント，取引先などに拡大された。

米国ではストック・オプションを見直す動きが出てきているが，大和証券SMBC（2005）による日本企業のストック・オプション導入状況の調査によれば，1997年にストック・オプション制度が解禁されて以降，導入企業数は2003年度まで増加し続けている。その結果，導入企業数は1391社（2005年3月22日現在）に上り，延べ3143件もストック・オプションが利用されている。

ストック・オプション制度のメリットとデメリット

ストック・オプション制度には以下のメリットとデメリットがあると考えられる[9]。

第1のメリットは，株主の利益向上効果である。上述の通り，権利取得者は株価上昇による報酬額の増加を期待するので，彼らの業績向上への意欲は高まる。業績向上が株価の上昇に結びつくと，株主は利益を得ることができる。第2に，ストック・オプションという新しい制度をいち早く採用することにより，会社の経営姿勢と株価に対する意識の高さを株主にアピールすることができる。第3に，自社株式の価値を活用した他社にない成功報酬制度を確立することにより，優秀な人材確保の手段として活用できるとともに，人材流出防止にも活用することができる。

一方，デメリットについては，第1に，権利を持つ者と持たざる者との間に不公平が生じる可能性がある。たとえば，ストック・オプションが付与される対象が，取締役のみの企業もあれば，取締役を含めた全社員の企業もある。後者では，権利取得者が全社員であるため，企業業績を向上させる強いインセンティブが全社員に生じる。一方，前者では，権利取得者が取締役に制限されるため，企業業績向上のインセンティブは取締役のみに生じる。従業員は実績を残しても金銭的に報われないので，権利を持つ者と持たざる者との間に不公平が生じ，企業業績の向上の実現が困難となるかもしれない。また，前者のケースであっても，はじめは企業業績向上のために権利取得者は努力するが，権利行使をして，巨額の利益を得た後は，金銭的に満足して熱心に働かなくなる可能性もある。

第2に，権利取得者のなかでフリー・ライダー問題が発生する可能性もある。企業業績を向上させるためには経営努力が必要であり，これは当事者にとってコストとなる。ある権利取得者が怠慢な態度をとったとしても，他の権利取得者が業績向上のために努力をして，株価が上昇した場合，怠慢な態度をとった権利取得者も，権利行使によりストック・オプションの利得を得ることができる。多くの権利取得者が怠慢な態度をとり，経営努力というコストを被らずに，他の権利取得者の努力にただ乗りしようと考えた場合，ストック・オプションに企業業績を向上させ，株価を上昇させる役割を期待することはできない。

第3に，ストック・オプションには株価が下がったときのペナルティがないという問題もある。つまり，株価が下落した場合，株主は株価の下落分だけ損失を被るが，ストック・オプションの権利保有者は権利行使をしなければ実質的な被害がないのである。

第4に，企業がさまざまな領域で事業を展開している場合，その株価は企業全体の業績を反映するため，業績の良い部門が業績の悪い部門に足を引っ張られて，株価が十分に上がらない可能性がある。全従業員にストック・オプションが付与されていると，業績の良い部門の従業員は貢献度に見合った報酬が得られず，不満をもつことになりかねない。

第5に，株価が企業業績を正確に反映する効率的な株式市場ではなく，株式市場全体の値上がりにつられて株価が決定される状況では，企業業績とは関係なく利益を得ることができ，ストック・オプション制度が効果的な報酬制度として機能しない可能性もある。

5 実証分析

ストック・オプション制度には企業業績の向上および株価の上昇というメリットがある。しかし，さまざまなデメリットもあるため，期待通りの効果が現れるか否か不透明である。そこで，以下では，ストック・オプション制度と企業価値の関係について実証分析を行う。

実証分析の方法

本章の実証分析では，2003年度における東京証券取引所一部上場企業 (178社) のクロスセクション・データを利用する。取締役に関するデータについては，『役員四季報』(東洋経済新報社) を参照した。その他のデータの出所は，NEEDS (日本経済新聞社の総合経済データバンク) に収録されている企業財務データである。

分析の方法は，ストック・オプションの採用企業と不採用企業にサンプルを分類する。そして，両グループにおいて企業価値の代理変数の平均値を比較し，統計的な差があるか否か分析する。なお，企業価値の代理変数として，資産の時価・簿価比率 (MB) を用いる。MB の定義式は，｛(自己資本：時価) + (負債：簿価)｝/(資産：簿価) である[10]。ここで，(自己資本) = (株価) × (発行済み株式数)，(負債) = (借入金，普通社債，転換社債，ワラント債) とする。

また，ストック・オプションの採否で分類した2つのグループで，社外取締役比率 (OD)，取締役の総数 (ND)，外国人株主の持株比率 (FO)，アメリカ型経営機構の採否 (ACG) に差があるか否かも分析した。なお，OD，ND，そしてFO の各々の定義式は，(社外取締役の人数) / (取締役の総数)，(取締役の

総数),そして(外国人の保有株式数)/(発行済み株式数)である。そして,ACGは,執行役員制度を導入しているか,委員会等設置会社に移行している企業は1,そうでない場合は0の値をとる変数とする。

さらに,追加的な分析として,MBとOD,ND,FO,そしてACGとの相関係数を算出し,さまざまなコーポレート・ガバナンス改革が企業価値とどのような関係を有しているのか検討する。

実証結果

はじめに,コーポレート・ガバナンス改革と関連がある変数の平均値を確認する。表7-3から,アメリカ型の経営機構を採用する企業の割合(ACGの平均値)は約67%であり,大部分の企業で経営機構改革が完了していることがわかる。一方,ストック・オプション採用企業の割合(SOの平均値)は約31%であり,日本企業が株価と連動したインセンティブ報酬の導入には消極的であることがわかる。また,前節で紹介した東京証券取引所によるアンケート調査では,社外取締役比率が「10%未満」である企業の割合は,「10%以上20%未満」に次いで多かった。筆者が行った調査でも,社外取締役比率(OD)の平均値は約9%であり,低い値を示している。

次に,ストック・オプションの採否によりサンプルを2つのグループに分類した。そして,両グループにおいてMB,OD,ND,FO,そしてACGの平均値に統計的な差があるか否か分析した。

表7-4のAから,ストック・オプション採用企業は不採用企業と比べて,MBの平均値が高い。また,Wilcoxonの順位和検定の結果,p値が低く,1%の有意水準で統計的に有意である。この結果は,ストック・オプションの採用により,企業価値が増加する可能性があることを示している。

Bから,ストック・オプション採用企業は不採用企業と比べて,ODの平均値が高い。また,p値が低く,1%の有意水準で統計的に有意である。この結果は,ストック・オプションの採用企業では,不採用企業と比べて社外取締役の採用割合が高いことを示唆している。このような結果が得られた理由として,ストック・オプションの採用企業では,経営者が企業価値を高めようとする意

識が強く，株主の立場から経営判断ができる社外取締役を積極的に取締役会のメンバーに加えているからと考えられる(11)。

　Cから，ストック・オプション採用企業は不採用企業と比べて，NDの平均値が低い。また，p値が低く，5％の有意水準で統計的に有意である。この結果は，ストック・オプションの採用企業では，不採用企業と比べて取締役の総数が少ないことを示唆している。このような結果が得られた理由として，ストック・オプションの採用企業では，肥大化した取締役会をスリム化して，企業価値を高めようとする意識が強く，取締役の削減に積極的であるからと考えられる。

　Dから，ストック・オプション採用企業は不採用企業と比べて，FOの平均値が高い。また，p値が低く，1％の有意水準で統計的に有意である。この結果は，ストック・オプションの採用企業では，不採用企業と比べて外国人株主の持株比率が高いことを示唆している。このような結果が得られた理由として，コーポレート・ガバナンス改革に積極的な企業では，企業価値が高くなることを予想して，外国人株主がストック・オプションの採用企業の株式を積極的に購入したからと考えられる(12)。

　Eから，ストック・オプション採用企業は不採用企業と比べて，ACGの平均値が高い。また，p値が低く，1％の有意水準で統計的に有意である。この結果は，ストック・オプションの採用企業では，不採用企業と比べて米国型の経営機構を採用している可能性が高いことを示唆している。このような結果が得られた理由として，ストック・オプションの採用企業では，経営者が企業価値を高めようとする意識が強く，米国型経営機構の採用についても積極的であるからと考えられる。

　以上をまとめると，ストック・オプションの採用企業では，不採用企業と比べて社外取締役や米国型経営機構を積極的に導入しており，取締役会のスリム化にも熱心である。このようにコーポレート・ガバナンス改革が進んでいるので，ストック・オプションの採用企業では，不採用企業と比べて企業価値が高い。外国人株主は，コーポレート・ガバナンス改革に熱心な企業をそうでない企業と比べて高く評価し，当該企業への株式投資を積極的に行っている。

表7-3　記述統計（観測値の数：178）

変数	平均値	標準偏差	最小値	最大値
SO	0.3146	0.4657	0	1
MB	0.7103	0.5836	0.014	3.2368
OD	0.0876	0.1249	0	0.625
ND	13.8034	7.1766	3	50
FO	0.1518	0.1084	0.0061	0.6514
ACG	0.6742	0.47	0	1

（注）SOは，企業がストック・オプションを採用している場合は1，採用していない場合は0の値をとる変数である。

表7-4　Wilcoxonの順位和検定

A. MB

	ストック・オプション採用企業	ストック・オプション不採用企業
平均値	0.9434	0.6034
観測値の数	56	122
Z値	-4.276	
p値	0.0000	

B. OD

	ストック・オプション採用企業	ストック・オプション不採用企業
平均値	0.1438	0.0618
観測値の数	56	122
Z値	-4.106	
p値	0.0000	

C. ND

	ストック・オプション採用企業	ストック・オプション不採用企業
平均値	11.8214	14.7131
観測値の数	56	122
Z値	2.277	
p値	0.0228	

D. FO

	ストック・オプション採用企業	ストック・オプション不採用企業
平均値	0.2156	0.1226
観測値の数	56	122
Z値	-5.413	
p値	0.0000	

E. ACG

	ストック・オプション採用企業	ストック・オプション不採用企業
平均値	0.8214	0.6066
観測値の数	56	122
Z値	-2.832	
p値	0.0046	

最後に，追加的な分析として相関係数の分析を行う[13]。分析結果から，MBとODの相関係数は0.0904，MBとNDの相関係数 −0.0475，MBとFOの相関係数は0.4697，そしてMBとACGの相関係数は0.0586であった。1％の有意水準で統計的に有意であったのは，MBとFOの相関係数のみであり，その他の相関係数は5％の有意水準で統計的に有意ではなかった。よって，断定はできないが，相関係数の符号は次のことを示唆している。取締役総数に占める社外取締役の割合や外国人株主の持株比率が高くなれば，企業価値が高くなる可能性がある。また，アメリカ型の経営機構を採用している企業は，そうでない企業と比べて企業価値が高い可能性がある。一方，取締役の総数が減少すると，企業価値が増加する可能性がある。

6　今後のガバナンス改革

　近年に行われた一連の商法改正により，日本企業がコーポレート・ガバナンス改革を実施できる環境が整えられてきた。従来の日本企業の経営者は株主の利益を考慮した経営を行ってこなかった。しかし，株式持合いが解消され，持合い解消の受け皿として外国人株主や年金基金が持株比率を増加させている。また，持株比率の増加率はあまり大きくはないが，インターネット取引を利用して，個人株主の数も増加している。今後，日本企業は，外国人株主，年金基金，そして個人株主の期待に応えられるよう，着実に企業業績を改善することにより，増配したり，株価を引き上げる必要がある。

　経営効率を高めるためには，コーポレート・ガバナンス改革を進め，IRにより株主に企業の情報が伝わるように努めることが重要である。日本コーポレート・ガバナンス・フォーラム (2001) のアンケート調査によれば，「主要なステークホルダー (利害関係者) の重要性の順位に関して，社内コンセンサスは確立していますか」との問に対して，「はい」と答えた企業が53.60％であった。また，「はい」と答えた企業に対して，「重要度が一番高いステークホルダー」を尋ねると，「株主」が最も高く45.86％であった。次いで，「顧客」が42.07％で，第3位の「従業員」(4.14％) を大きく引き離している。かつての日本企業では，株主が従業員より軽視されていたようであるが，この調査結果は，日本の経営者の意識が大きく変化したことを示している。

　東京証券取引所のアンケート調査によれば，ほぼすべての企業がコーポレート・ガバナンスに関心をもっていた。しかし，コーポレート・ガバナンス改革への取り組みは，企業間で大きな相違がある。たとえば，取締役会機能を強化するための具体的施策を特に実施していない企業が，22.1％も存在した。社外取締役の導入状況でも，1人，あるいは2人と答える企業が7割以上であった。この人数は取締役会での議論を活性化するのに十分な人数とは言い難い。

　本章の実証分析では，コーポレート・ガバナンス改革を実施することにより，

企業価値の向上が可能であることを示した。たとえば，ストック・オプション制度の導入により，企業価値は向上する。また，統計的な有意性の問題のために断定はできないが，アメリカの型経営機構の導入，社外取締役比率の増加，取締役総数の削減により，企業価値が向上する可能性がある。本章では，Wilcoxon の順位和検定や相関係数の分析結果から，コーポレート・ガバナンス改革と企業価値の関係を考察したが，両者に関係あると断定するためには，回帰分析などを用いて，より詳細に分析する必要があろう[14]。

さらに，ストック・オプションの採用企業では，不採用企業と比べて社外取締役やアメリカ型経営機構を積極的に導入しており，取締役会のスリム化にも熱心である。外国人株主は，コーポレート・ガバナンス改革に熱心な企業をそうでない企業と比べて高く評価し，当該企業への株式投資を積極的に行っていることも実証分析から確認できた。

コーポレート・ガバナンスの問題は，外部の経済環境を無視して抽象的に考察するのみでは不十分である。たとえば，かつて日本企業は低価格で高品質の工業製品を大量に供給することが求められた。しかし，現在，中国が「世界の工場」となり，今後，日本では知識集約型産業の比重が高まると予想される。このような社会では，企業が迅速な意思決定を行える経営機構に変革する必要がある。このようにコーポレート・ガバナンスの問題を検討する際に，企業と外部環境との関連を考慮に入れることが重要となる。

また，理論的に望ましいと考えられるガバナンス改革を企業が実施した後に，その改革が経営パフォーマンスの向上にどの程度貢献したのか分析し，ガバナンス改革の有効性を調査する必要がある。有効性が低い場合は，他の改革を実施し，有効性が高い場合は，改革が行われていない日本企業にこれを導入させる。日本企業の経営者が，単なる米国企業の模倣ではなく，日本企業に適したコーポレート・ガバナンスを構築できれば，日本企業の価値は一層高まるであろう。

注

（1） 経営の効率性や企業業績の向上だけでなく，経営の健全性，適正性，公正性，透明性の視点からコーポレート・ガバナンスを考察する場合もある。近年，外国産牛肉を国産牛肉と偽装した食品会社や欠陥車のリコール隠しを行う自動車会社，有価証券報告書に虚偽記載を行う鉄道会社が現れるなど，企業の不祥事が続発している。企業は違法行為を行う可能性があるので，法令を遵守させるコンプライアンス（compliance）経営が強く求められているのである。

（2） 従来，投資家は企業の収益性や成長性などの財務指標に基づいて投資活動を行っていた。しかし，近年，CSR の視点から企業を評価し，高い投資収益の実現を目的とする社会的責任投資（Socially Responsible Investment, SRI）という投資手法も現れた。

（3） 本章では，分子に営業利益を用いたが，当期純利益を利用する場合もある。このとき，総資本利益率と呼ばれ，ROA（Return on Assets）と略称される。

（4） この他にも，1999 年 10 月に株式交換制度が創設され，2001 年 4 月に会社分割制度が創設された。これらの商法改正により，企業は組織の再編を容易に行えるようになった。さらに，2005 年 5 月には社外監査役が増員されるなど，取締役の監視が強化された。2006 年の商法改正では，資本金規制が撤廃され，資本金 1 円からでも会社を設立できる予定である。また，有限会社が新たにつくれなくなり，合同会社が新設されるなど，制度が改革される予定である。

（5） 米国におけるストック・オプション制度の変遷については，奥島・中村（1998，第 3 章）を参照。

（6） 米国の企業会計基準では，ストック・オプションによる報酬支払について，費用として計上しない扱いが許容されている。したがって，費用計上を免れる分だけ，決算上の収益が嵩上げされることになる。

（7） ストック・オプション解禁の経緯については，並木（1997）を参照。

（8） 新株予約権とは，あらかじめ決めた価格で株式を取得できる権利のことである。こうした権利は従来，ストック・オプションとして自社の取締役や従業員に付与したり，転換社債や新株引受権付社債（ワラント債）の形で社債に付随する場合に限られていた。商法改正で権利だけを単独で発行できるようになった。

（9） ストック・オプション制度のメリットとデメリットについては，奥島・中村（1998，第 6 章）と Hall & Murphy（2003）を参照した。

（10） コーポレート・ファイナンスの理論では，企業価値を有利子負債総額と株式時価総額の合計として定義する。正確に企業価値を測定するためには，負債の時価のデータが必要である。しかし，このデータは入手が困難であり，企業経営が健全であれば，負債の時価と簿価は株式ほど乖離していない。そこで，実証分析には，負債の簿価のデータが用いられる場合が多い。

（11） これとは逆に，社外取締役の採用割合が高い企業では，経営者に企業価値を高めよ

うとする意識が強く，報酬の面でも株価と連動するストック・オプションが導入されているという可能性もある。
(12) これとは逆に，外国人株主が議決権を行使して，経営者にストック・オプションを採用するように圧力をかけたという可能性もある。
(13) 相関係数表は紙幅の関係で掲載しなかった。
(14) ストック・オプションと企業価値の関係に関する詳細な研究は，三輪 (2005) を参照されたい。

引用・参考文献

大和証券SMBC (2005)「ストック・オプション導入会社の年度別推移，規模別割合，権利行使期間とアップ率の分布など」(http://www.daiwa.co.jp/daiwasmbc/Stockoption/index-s.html)

Hall, Brian J. and Kevin J. Murphy (2003) The Trouble with Stock Options, NBER Working Paper 9784, June.

軽部大 (2004)「データで振り返る日本企業のパフォーマンスと経営課題」一橋大学イノベーション研究センター編『一橋ビジネスレビュー』52巻3号，東洋経済新報社, pp.24-35.

三輪晋也 (2005)「ストック・オプション制と企業価値」『経営財務研究』第23巻第2号, pp.38-51.

並木俊守 (1997)『ストック・オプションの実務』中央経済社

日本コーポレート・ガバナンス・フォーラム (2001)「コーポレート・ガバナンスに関するアンケート調査結果」(http://www.jcgf.org/jp/)

奥島孝康・中村金夫 (1998) 日本コーポレート・ガヴァナンス・フォーラム編『ストック・オプションのマネジメント』ダイヤモンド社

東京証券取引所 (2003)「コーポレート・ガバナンスに関するアンケート調査結果」(http://www.tse.or.jp/listing/cg/enquete/index.html)

第8章　M&Aの展開

はじめに

　企業の合併（Mergers）と買収（Acquisitions）は一般にM&Aと略して呼ばれている。合併とは2つ以上の企業が法的に1つの企業に合同することであり，買収は相手側の株式を取得して支配権を確保したり事業部門や営業権などを取得する場合をいう。ただし，近年は採算性の低いあるいは不要な部門・子会社についてリストラクチャリング（restructuring, 事業の再構築）の必要性から行われる部門売却（divestiture）や戦略的観点からの事業分割（spin-off等）までも含めてM&Aと呼んでいる。

　経済のグローバル化が急速に進んで企業間の国際的な競争が激化するにつれて，わが国でもM&Aを競争戦略上の重要な手段として活用する企業が増大している。本章ではグローバル・スタンダードとなりつつあるアメリカ流の「企業価値最大化」経営が日本の企業経営に与える影響を考察する。

1　M&Aの目的

　M&Aを行う目的の第1は既存事業の強化である。企業間競争に打ち勝つためにM&Aによる企業規模拡大や相乗効果（synergy effect: 2＋2＝5のように合同することによって単独の効果以上のものを生み出すこと）を通じたコスト競争力の強化や市場支配力を高めようとして行うものである。

164　第2部　社会問題へのアプローチ

　第2は「時間を買うこと」である。技術開発や市場開拓等を自前で行うためには時間がかかりすぎる場合にM＆Aを利用して経営資源を一気に手に入れるのである。

　第3はリストラクチャリングである。近年，戦略分野を選択して限りある経営資源を成長分野にすばやく集中する，いわゆる「選択と集中の経営」の重要性が認識されている。不要部門の売却や事業強化のための買収は経営戦略の重要な手段となっている。

　第4は経営戦略として会社側が事業部門を独立させ，社外にベンチャーを設立する場合である。大企業では組織に埋没して起業家精神をもった人材を生み出しにくいために，将来性のある技術やビジネスモデルを展開させるために組織を分離させるのである。

　第5は企業再生の手段として行われるM＆Aである。わが国ではバブル経済の崩壊によって1980年代は「失われた10年」と呼ばれているが現実には10年以上の長期にわたって深刻な不況が続き多くの企業が破綻した。その背景にはわが国独特のメインバンク・システムのなかで巨額の不良債権をかかえた邦銀がその処理に手間取ったことや，破綻企業に対する法制度等の未整備があげられるが，1997年から始まった一連の商法改正および産業活力再生特別法の制定によってM＆Aを使った迅速な企業再生が可能になった。

2　M＆A取引の方法

　企業合同の方法として会社組織が1つになる合併と会社組織は分離しているが支配権を保有する形態の買収ではそれぞれ特徴がある。合併の大部分はひとつの会社が存続して他の会社は消滅する吸収合併という形態をとる。合併の利点は株主総会の承認が必要になるが，存続会社が被合併会社の株主に支払う対価は当事者間で自由に決定できることである。ただし，手続きに時間がかかることと合併後の組織統合にあたってそれぞれの組織風土や慣行の違いの調整，

社員間の融和に手こずることもある。

　それに対して、買収は原則として取締役会の承認だけで決定できるので迅速に行えることと、買収後も被買収企業は法人格が存続するので合併のような買収後の組織間調整が必要ないという利点がある。

　以下に主要なM＆A取引の方法について説明する。

純粋持株会社

　純粋持株会社とは他の株式会社の支配を本業とする会社のことである。事業部門を子会社化するとともに、全社的な経営戦略の立案とリスクマネジメントは持株会社が行う体制にすることによって経営効率を高めることができる。

　第2次世界大戦以前は三井や三菱といった財閥企業が持株会社を通じて多数の企業を支配していたが、戦後になって過度の産業集中を抑制するため独占禁止法によって持株会社の設立は禁止されていた。1997年12月に独占禁止法が改正されて純粋持株会社が解禁となると大和証券を筆頭に銀行等の金融機関がこぞって純粋持株会社に移行している。

　純粋持株会社制度では、傘下の子会社へ権限を委譲する一方で特定の部門の利益にとらわれず全社的観点から経営戦略を策定することができるとともに、機動的なM＆Aを通じて戦略の遂行がしやすくなるというメリットがある。

LBOとMBO

　LBO (Leveraged Buy Out) は、主として買収先の資産を担保として資金を借り入れて買収を行う方法で、1980年代になってからアメリカにおいて盛んに行われるようになった企業買収の方法である。多くの場合、LBOによって買収された企業は非上場企業 (going private) となる。その後に負債返済のための部門売却や事業の再構築を行って高収益企業に生まれ変わらせるのである。投資家はこの企業を再度上場させて株式を売却し多額の売却益を得ることが可能になるのである。

　LBOは買収資金の大部分を負債により調達するのでリスクも高いが成功すればレバレッジ (てこ) 効果がはたらいて高収益をもたらす。そのために80年代のLBOは加熱してマネーゲームと化した側面もあったが、80年代後半にな

って金利が上昇すると失敗事例も出てブームも一息つくこととなった。

MBO (Management Buy Out) は，買収の対象となる企業または部門の経営者が自ら資金調達して所有者から買収し独立することである。MBO の実施にあたっては，買収資金を経営者の自己資金で賄うことは不可能であるから，バイアウト・ファンドと呼ばれる未公開株式 (Private Equity) への投資を業務とする PE ファンドと協力して資金調達を行う。ただし，多くの場合投資効率をあげるために買収資金の大部分を負債に依存するので LBO の一形態として考えることもできる。

なお，バイアウト・ファンド主導で買収を行った後に，外部から経営陣を送り込む場合を MBI (Management Buy In) という。破綻企業や企業再生にあたって経営陣の責任を問う場合等経営陣を変える必要があるときに行われる。

TOB

上場企業や未上場でも一定の要件を満たす企業の株式を市場外で 5％以上買う場合は原則として，買付け期間・株数・価格を公表して不特定多数の株主から買い付ける TOB (Take Over Bid, 株式公開買付け) を行う必要がある。

被買収企業の経営陣が合意している「友好的」TOB と，一方的に買付けを行う「敵対的」TOB がある。

スピンオフ

スピンオフ (Spin off) は多角化していた会社が事業部門を分離して，その事業部門の性格を明確にするとともに起業家精神を発揮させて組織を活性化させる方法である。事業部門は独立した法人格をもち独自の取締役会をもつが，株式はもとの会社の株主に持ち分比率に応じて分配される。売却ではないので会社にも株主にも納税義務が生じない利点がある。これに対して，もとの会社の株式と子会社の新株を交換する方法 (交換比率を選択できる) をスプリットオフ (Split off) という。

また，社外に出した方が成功の可能性が高いと見込んだ事業について会社を設立して組織・人ごと独立させることをカーブアウト (Carve Out) と呼ぶこともある。

三角合併

　合併に際して事前に100％子会社を設立し，その子会社と被合併会社を合併させる方法である。形式的に3つの会社が関係するために三角合併と呼ばれている。この方法では実質的な合併会社の株主総会の議決を経る必要がないのが利点である。

　外国企業が日本企業と合併（買収）する場合に三角合併を使う。まず，日本で100％子会社を設立した後にその日本法人と他の日本企業との合併を行う。合併にあたって被合併会社の株主には株式交換の方法で対価の支払いを行うのが普通であるが，その場合，被合併会社の株主に渡される株式は合併会社の日本子会社の非上場株式となって不便である。そこで親会社の外国企業の株式を直接交換できるようになると合併手続きが簡素化される。

　1999年に行われたボーダフォン（英）によるマンネスマン（独）の敵対的買収に際してもこのような国際株式交換の手法がとられた。この取引の規模は2028億ドル，およそ22兆円といわれているが，株式交換による方法ならではの買収であったといえよう。

　わが国でも2007年に被合併会社の株主に渡す資産についてほとんど制限がなくなる。今後は世界の大型合併のみならずわが国でも外国企業によるM＆Aがますます盛んになることが予想される。

3　日本のM＆A

　第2次世界大戦後，財閥解体が行われて広く株式が個人投資家に分散されたが，しだいに銀行を中心とした株式の相互持ち合いが行われるようになった。したがって，戦後のM＆Aは規模拡大による経営効率化を目的とした同業種間での典型的な水平統合か，行政主導の救済型合併がほとんどであった。

　しかしながら，1970年代にはいると大規模小売店舗法の施行にともなう流通再編の手段としてM＆Aが活発に行われるようになった。そして，1980年

代のバブル期に入る。とくに80年代後半になると急速な円高を背景に日本の企業による海外企業の買収が急増する。

代表的なものとして，ブリヂストンによるファイヤーストーン・タイヤ・アンド・ラバー(1988年，3337億円)，セゾンによるインター・コンチネンタルホテルズグループ(1988年，2800億円)，ソニーによるコロンビア・ピクチャー(1989年，6440億円)，松下電器産業によるMCA(1990年，7800億円)，富士通によるICL(1990年，1890億円)，三菱地所によるロックフェラー・グループ(1990年，1900億円)の買収があげられる。ただし，これらの買収のほとんどはその後の買収企業を大いに苦しめる一因となった。

一方，同じ頃国内では失敗に終わったが敵対的買収となる可能性を秘めた事例が発生した。1つはトヨタ自動車系の照明機器メーカー小糸製作所とアメリカの投資家ブーン・ピケンズによる係争事件である。これは筆頭株主であるピケンズが株式の買い増しによって小糸製作所が上場廃止の危機にさらされることを取引材料として増配と役員派遣を要求したものであった。

他は日本企業同士としては珍しい敵対的な事例で，不動産会社の秀和による

表8-1　最近のM&A関連の法制度改正

1994年10月	自社株買い解禁
1997年6月	ストックオプション制度の導入
1997年10月	合併の手続きの簡素合理化(商法改正)
1997年12月	持株会社の解禁(独占禁止法)
1999年10月	株式交換・株式移転制度の創設(商法改正) 産業再編時の商法の特例等(産業活力再生特別措置法)
2000年4月	民事再生法の創設(民事再生法)
2001月4月	会社分割制度の創設(商法改正)
2001年10月	金庫株の解禁(商法改正)
2002年4月	新株予約権，種類株式の整備(商法改正)
2002年6月	連結納税制度の創設(法人税法)
2003年4月	産業再編時の商法の特例等の拡充(産業活力再生特別措置法) M&Aによる再生への顧慮等(会社更生法)
2006年	会社法の抜本改正(外国企業による株式交換等の整備は1年延期)

第8章 M＆Aの展開　169

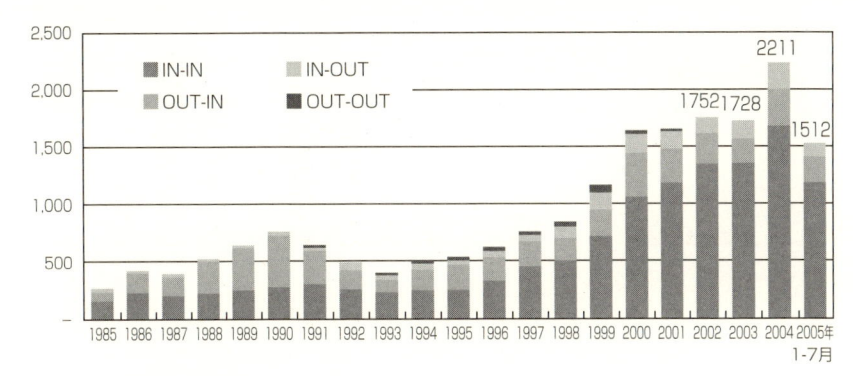

```
                                                              2211
2,500
        ■IN-IN     ■IN-OUT
2,000                                                  1752 1728
        ■OUT-IN    ■OUT-OUT
1,500                                                              1512
1,000
 500
   0
      1985 1986 1987 1988 1989 1990 1991 1992 1993 1994 1995 1996 1997 1998 1999 2000 2001 2002 2003 2004 2005年
                                                                                                      1-7月
```

IN-IN　　日本企業同士のM＆A
IN-OUT　日本企業による外国企業へのM＆A
OUT-IN　外国企業による日本企業へのM＆A
OUT-OUT　日本企業が海外で買収した企業が絡むM＆A

図8-1　1985年以降のマーケット別M＆A件数の推移
(出所)レコフ

スーパーの忠実屋といなげ屋の買収事件である。忠実屋といなげ屋は秀和の株式買い集めに対抗するため発行済み株式数を増やして買収側の株式比率を低下させる目的で，市場価格以下で第三者割り当て増資を相互に行おうとして裁判所がこれを差し止めたものである。

　この2つの事例は，今まで株式市場をあまり意識していなかった経営者に対して，株主の権利の尊重や株式市場の重要性を認識させるきっかけとなった事件であった。

　1990年代にはいるとバブル経済が崩壊して多くの企業がバブル期の後始末に頭を悩まされるとともに，金融機関の不良債権処理が大きな問題となった。また，目を海外に向けると東西冷戦構造の崩壊から経済のグローバル化が一気に進んで，世界的な規模での企業間競争が盛んに行われるようになってきた。会計制度の国際会計基準への準拠や独占禁止法，会社法，税法等の見直しが行われて，企業活動もグローバルなマーケットを意識して行わねばならない時代になっている。

　このような背景のもとで，日本の企業によるM＆A件数も飛躍的に増加して

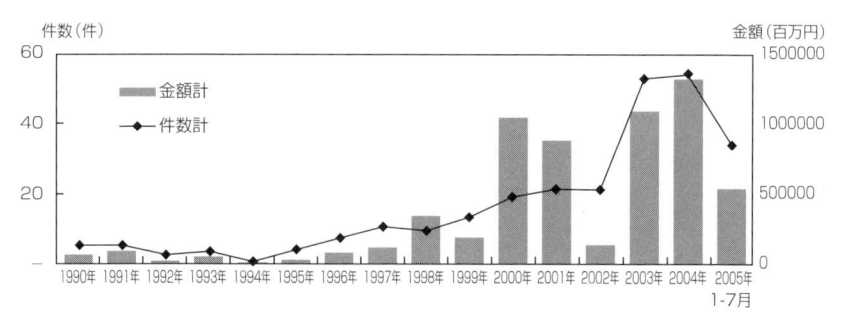

図8-2 TOB件数と公表金額推移

(出所) レコフ

いる。2000年以降年間1500件を超える動きを示していたが，2004年には初めて2千件を超え買収金額も総額12兆1000億円に達している。

その内訳は三菱東京フィナンシャル・グループとUFJホールディングスの統合で3兆1000億円，山之内製薬と藤沢薬品工業の統合で8400億円というように，上位20件の平均金額が4311億円である。2005年度では約半年ですでに1500件を超えており，この勢いがおとろえることはなさそうである。

また，近年のM＆Aの特徴としてTOBによるM＆Aが増加していることがあげられる。合併・買収の仲介会社「レコフ」の調べでは，昨年の国内のTOBは52件（約1兆678億円）で件数，投資額とも過去最高であった。

ただし，世界に目を向けると日本のM＆Aは件数でも金額ベースでもはるかに小さい。たとえば2005年に入って日用品世界大手のプロクター・アンド・ギャンブルによるジレットの買収の合意がなされたが，新会社の時価総額は1800億ドルに達する。これは1ドル105円換算で19兆円という巨額のディールである。

投資ファンドの役割

M＆A取引を考えるうえで投資ファンドの役割が欠かせないものになっている。いわゆるバイアウト・ファンドと呼ばれるもので，投資家から集めた資金を使って企業を買収し経営を軌道に乗せた後に売却・公開によって投資を回収する。株主として経営に参加するので公開企業といえども非公開企業とする。

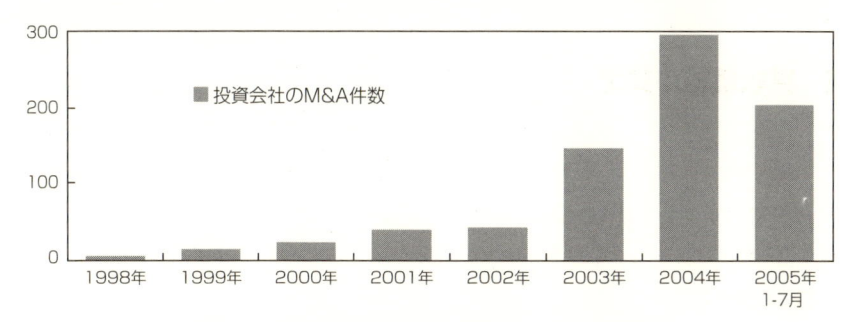

図8-3 日本企業に対する投資会社のM＆A件数推移

(出所) レコフ

そのためPE (Private Equity) ファンドとも呼ばれる。買収資金は投資収益率を上げるために金融機関からの借入で多くを賄う。通常は5年から10年程度で退出 (Exit) する。

バイアウト・ファンドとしては，ベンチャー企業を対象としたものと既存企業を対象としたものに大別されるが，わが国では既存企業に対するMBOやMBIが多い。

アメリカでは1980年代に隆盛したLBOが本格的なバイアウト・ファンドの出現のきっかけとなっている。70年代に多角化を行ったコングロマリット型大企業の業績が悪化して買収の対象となったものであるが，ハイリスクな債券を意味するジャンク・ボンド (Junk Bond) 市場の創設によってレバレッジを効かした高収益の獲得が可能になった。そのため，この当時のM＆Aはマネーゲームの様相を呈していたが，80年代後半にジャンク・ボンド市場が崩壊してLBOの失敗例が出てくるに及んで沈静化した。

現代のバイアウト・ファンドは手法としては同じであるが，マネーゲーム的な側面はほとんどみられない。わが国においてもリストラクチャリングや部門売却，より積極的なMBOの実施に欠かせない存在となりつつある。

4　買収価格の算定

買収の成否を決めるものは買収企業を如何に活用するかという明確な戦略の存在ではあるが，買収価格をどのように算定するかによって買収後に大きな影響を及ぼす。以下に買収価格算定の基本的な方法について説明する。

DCF法

コーポレート・ファイナンス理論では，資産価値は当該資産が将来にわたって獲得するキャッシュフローの現在価値として評価される。その基本的な考え方は，会計上の利益は会計処理方法の選択によって操作可能でありキャッシュこそがより経済実態を正確に表すという点であり，他は時系列で将来利益を予測する場合には貨幣の時間価値を考慮すべきであるという点である。

ここで貨幣の時間価値とは，現在の100円は1年後の100円と同じではないとする考え方である。もし，現在5%の収益率が得られる投資案があれば，それに投資することによって1年後には105円を得ることができる。この場合，現在の100円と1年後の105円は等価であると考えて，1年後の105円を5%で割り引いて現在価値を100円とするのである。

$$現在価値 = \frac{将来価値}{(1+割引率)^{年数}}$$

さて，企業価値は株主資本価値と負債資本価値の合計であるから，株主と債権者に帰属するキャッシュフローを予測してこれを両者が要求する収益率（資本コスト）で割り引いて現在価値を求めることになる。

$$V = \sum_{t=1}^{\infty} \frac{FCF_t}{(1+WACC)^t} \tag{8.1}$$

ただし，

　　V　　：企業価値　　E：株主資本価値　　D：負債資本価値
　　FCF_t　：t期の負債がない場合のフリー・キャッシュフロー

$WACC$：加重平均資本コスト $WACC = \dfrac{E}{E+D} r_E + \dfrac{D}{E+D}(1-T) r_D$

ここで，フリー・キャッシュフローとは減価償却費のような非現金支出費用を算入せずに計算したキャッシュベースの利子・税引前利益から事業継続に必要な投資支出を差し引いたものである。また，加重平均資本コストは株主資本コスト（r_E）と負債資本コスト（r_D）を企業の資本構成に応じて加重平均した資本コストである。なお，負債資本コスト（r_D）に $(1-T)$ を乗じているのは，法人税が利子支払い後の利益に課税されることから課税節約額が生じ実質ベースでの負債資本コストが軽減されることによる。

(8.1) 式によれば各期のフリー・キャッシュフローをWACCで割り引いた現在価値を将来にわたって永久に加算することになっている。しかしながら，現実にはせいぜい5年か長くとも10年程度の期間でしか予測はできないので，実務上は予測可能期間（N）についてのみフリー・キャッシュフローの現在価値を求め，その後の期間についてはフリー・キャッシュフローが一定率（g）で成長するという単純な仮定をおいて永久年金公式に基づいて推計する。

$$V = \underbrace{\dfrac{FCF_1}{(1+WACC)} + \dfrac{FCF_2}{(1+WACC)^2} + \cdots + \dfrac{FCF_N}{(1+WACC)^N}}_{\text{事業価値}} + \underbrace{\dfrac{FCF_{N+1}}{WACC-g}}_{\text{継続価値}} \quad (8.2)$$

この方法はアメリカにおいて標準的な企業価値評価方法である。ただし，多くの場合，事業価値よりも継続価値の方が大きな割合を占めるので成長率の見積もりを少し変えるだけでも企業価値に大きな影響を与える。また，ベンチャー・ビジネスや成長企業の場合はフリー・キャッシュフローがマイナスになることも多く，シナリオを慎重に検討する必要がある。

類似会社比準法

DCF法は理論的には優れているが，フリー・キャッシュフローの予測や将来成長率の見積もりにどのようなシナリオを描くかによって結果に大きな影響を与えるので，同業他社や業界の比較可能な指標に基づいて検討することも必

要である。

　代表的なものとして EBITDA (Earnings Before Interest, Taxation, Depreciation and Amortization, 利子・税・減価償却費控除前利益) 倍率, PER (Price Earnings Ratio, 株価収益率), PBR (Price Book value Ratio, 株価純資産倍率) 等が利用される。ここで, EBITDA 倍率とは利益から負債や税金, さらに減価償却費の影響を排除したうえで, 企業価値がその何倍まで評価されているかを見る指標で, 設備投資額が大きく減価償却の重要度が高い業種や新興企業の企業価値を推定する場合に有効である。次の PER 倍率は株価を 1 株当たり利益で割った倍数で, 同業他社の株主資本価値が利益の何倍まで評価されているかを参考にすることができる。最後の PBR は株価を 1 株当たり純資産で割った指標で資産ベースである程度収益が判断しやすい金融機関などの評価に向いている。

　なお, 類似会社比準法によって算出される企業価値にはM＆A市場で支払われる支配権価値を考慮していないことに注意を要する。買収企業は被買収企業の支配権を得ることの見返りとして被買収企業の株式時価の 20〜50％のプレミアムを加算して買収価格を決定するからである。

デューデリジェンス

　デューデリジェンス (Due Diligence) とは, 買収前に買収対象企業について行う詳細調査のことである。最終的な買収に入る前に会計・税務・法律といった多面的な調査をそれぞれの専門家に依頼して行うことになる。過去の多くのM＆A事例の研究によれば, 過半のケースで当初期待の成果があがっていないようである。すなわち, 十分な株主価値の上昇がみられないのである。

　その理由として, 投資のリスクについての定量的・定性的な分析が十分でないことがあげられる。会計処理法や粉飾決算の可能性のチェックは当然であるとして, 事業環境, 財務状況, コスト構造, 競争力の比較, 顧客, 技術力, ブランド, 法的リスクはもとより, 買収・合併後のシナジー効果について統合計画を念頭に置いた分析は重要である。DCF 法にせよ類似会社比準法にせよ, しっかりとしたシナリオによる数値でなければその判断はきわめて主観的なものとならざるをえないからである。

5 敵対的買収

　敵対的買収とは，ターゲットとなった企業の経営陣の同意を得られないまま買収を行うことである。ただし，敵対的買収が成功するということは，株主が買収に同意したということである。会社は経営者のモノではない。買収の正否はそれが企業価値の向上に繋がるかどうかであって，取締役会は株主の利益の観点から判断をしなければならない。

　従来，日本の会社では取締役は株主総会で選出されるとはいえ，事実上は社長の判断によって選任されていた。したがって，取締役は社長の行動を株主の立場から監視するのではなく，経営陣の一員として意思決定をしていたといってよい。日本の経営者の多くは顧客と従業員を重視して，会社は株主のモノであるという考え方に抵抗をもつ者が多い。ところが，最近の敵対的買収事件は日本の経営者のみならず報道を通じて多くの国民に企業のあり方を問うこととなったので，以下に紹介する。

　[事例1]
　欧米流の株主価値最大化を経営目的とする考え方に基づく敵対的買収は，2003年12月に米国系投資ファンド「スティール・パートナーズ」による毛織物染色大手企業の「ソトー」および金属工作用油剤大手の「ユシロ化学工業」に対するTOBである。両社の経営陣にとってはまさに寝耳に水であったようだが，両社には次の共通点があった。
　第1に，両社の株価水準を示すPBR（株価純資産倍率）が1未満であったことである。PBRは株価を1株当たり純資産で割ったものであるから，これが1未満であるということは，株主としては当該株式を持ち続けるよりは解散して残余財産の分配に与る方が良いということにもなりかねない。第2は，株主資本が70％台で安定した収益を稼ぐキャッシュ・リッチ企業であるということである。ソトーは年売上高の2倍を超える利益剰余金を保有していたのである。
　会社の内部留保は株主に帰属するのであって，会社のものでもなければましてや経営者のものでもない。株主は会社がより大きな投資機会を有し高い収益率をあげるこ

とを期待して投資しているのであって，会社内部に巨額の内部資金を留保し株主のもつ投資機会とそう変わらない運用をしているのでは，配当として株主に還元すべきであろう。スティール・パートナーズにしてみれば買収に成功すれば直ちに投資資金を回収できる格好の投資対象であったわけである。

　結局，ソトーは一株あたり年間配当額を13円から200円に増額，3年間で合計500円の株主還元策を，ユシロ化学工業は一株あたり年間配当額を14円から200円に増額，今後，税引き後利益の全てを原則株主に配当として還元する方針を打ち出して，買収を断念させることに成功したのであった。

[事例2]
　2005年1月，フジテレビジョンはニッポン放送に対するTOBの実施を発表した。ニッポン放送が時価総額で約3～4倍あるフジテレビジョンの株式の約23%を保有する筆頭株主であるという，いわゆる「資本のねじれ」を解消し，ニッポン放送を子会社化するためであった。

　ところが，同年2月になって新興企業のライブドアが「立ち会い外取引」という奇手を使って機関投資家などからニッポン放送株の29.6%を取得，以前から市場を通じて購入していた株式と合計して35%の株式を取得したと発表した。目的はニッポン放送を支配することによってフジテレビジョンを支配下に置こうとするものであった。

　突然の発表に驚いたニッポン放送は，対抗策としてフジテレビジョンに対して新株予約権の発行を計画したがライブドアが直ちに新株予約権の発行差し止め請求を裁判所に申し立てたのである。この差し止め請求は東京高裁で「経営支配権の維持・確保を主要な目的とした新株予約権の発行は差し止めるべき『著しく不公正な発行』にあたる」として発行の差し止めを認める判決によって決着した。

　なお関連して，経営支配権の維持を目的に新株予約権の発行が認められる条件が裁判所によって下記のようにわが国で初めて示された点で画期的であった。

　①敵対的買収者が株価をつり上げて会社に買い取らせるなど，会社を食い物にする
　　いわゆるグリーンメーラーの場合
　②知的財産権など重要な経営資源の移転を目的としている場合（焦土化）
　③LBOなど被買収会社の資産流用目的
　④資産の切り売りや短期利益目的

　このケースではライブドアはニッポン放送株を議決権ベースでの過半を保有することになったが，ニッポン放送株がソフトバンク・インベストメントにフジテレビジョ

ンの株を貸し出すという策に出て，ライブドアによるフジテレビジョンの支配は不可能になって終結している。

この事件は新興IT企業とマスコミ企業との買収事件という点で衆目を集めたが，わが国のM＆A取引に関する法的・制度的環境整備が遅れている実態を示したものでもあった。

とくに立ち会い外取引を使った株式買収の正当性について疑問が残る。本来，立ち会い外取引は機関投資家などが大量売却を行うような場合，市場に大きな影響が出るのを避けるために通常の市場取引時間外に行われる取引で，具体的には持ち合い解消などのために行う相対取引や自社株買いのために利用されるものである。

ライブドアはこの立ち会い外取引を使ってニッポン放送株を買い集めたわけである。しかしながら，証券取引法第27条では市場外で上場企業の3分の1を超える株式を取得する場合はTOBによることを義務づけており，その理由は取引の透明性と公平性を確保し投資家に広く情報開示するための趣旨である。趣旨からしてライブドアは正々堂々とTOBで買収すべきではなかったかと思われる。この件については行政当局が早々に適法である旨の見解を発表し，後に裁判所が追認した形になったのも今後の課題であろう。

6　買収防衛策

M＆Aは多くの場合，企業価値向上のための手法として有用であるが，なかには明らかに株主の利益にならないと思われるような敵対的買収もありうる。その際に，企業防衛手段として利用される買収防衛策を説明する。

ポイズン・ピル

敵対的な買収を仕掛けられた時に買収コストを上昇させることによって買収しにくくする手法の総称をポイズン・ピル（Poison Pill，毒薬条項）という。2006年に施行される新会社法では，企業にあらかじめ決められた価格で株式を発行させる権利である新株予約権を特定の株主に与え，敵対的買収者が現れた場合は強制的に権利行使させて発行済み株式数を増やして買収者の議決権比率を引き下げることができる。

米国では上場企業の4割以上がポイズン・ピルを導入しているといわれるが，実際にこれが実施されたケースはほとんどない。その理由は敵対的買収はリスクが大きく，たとえ買収が成功しても従業員の協力が得られなかったりしてうまくいかないことが多いからである。多くのM＆Aでは，事前に買収企業の経営陣と話し合うことから始めるのである。

黄金株等

黄金株とは株主総会の決議について拒否権を持つ株式のこと。上場会社でも黄金株だけに譲渡制限を付けられるので，あらかじめ友好的な株主だけに割り当てておくことができる。また，このほかに拒否権付き種類株式，種類株式転換の新株予約権，単元の異なる複数の種類株式の発行による複数議決権株式の発行等があげられる。ただし，これらの証券の発行や譲渡制限には事前に株主総会の特別決議が必要である。

クラウン・ジュエル (Crown Jewel)

買収対象企業が保有する資産で最も重要な事業部門，つまり「王冠の宝石」を第三者に売却して自らを魅力のないものにしてしまう手段のこと。ただし，重要資産を売却するためには株主への合理的な説明が必要なために，実行されることは少ない。ライブドアとニッポン放送の買収事件では，ニッポン放送が連結売上高の半分以上を稼ぎ出すポニーキャニオンを手放そうと計画した。

ゴールデン・パラシュート (Golden Parachute)

敵対的買収が成功して経営陣が解任されたときに巨額の退職金を受け取れるような契約を事前に締結しておくこと。経営陣ではなく従業員などに対して割増退職金を支給する手法は「ティン・パラシュート (Tin Parachuto)」と呼ばれる。いずれも巨額の資金が必要になるために買収側を躊躇させる効果がある。

パックマン・ディフェンス (Pack-man Defence)

買収をかけられた会社が反対に相手の会社に対して買収を仕掛けること。ゲームのパックマンに似ていることからこのように呼ばれる。買収側は通常，買収のために巨額の資金を投下しているので防衛のための資金が少ないことに着目した方策である。

7　M&Aの将来

　過去のM&Aは好況期になると盛んになる傾向があった。外国においては概ね景気循環周期に対応して波があったが2000年前後からほぼ一貫して件数が増加傾向にある。とくに金融・通信・製薬業界におけるM&Aは，その規模からして巨額に及び時価ベースでみた企業規模では日本の企業と大差がついているのが現状である。

　また，日本国内におけるM&Aは増加傾向にあるといっても，その規模や件数において欧米諸国はもとよりアジア地域と比べても格段に少ない。その理由としてはM&A関連の法制度の整備が遅れたことと，日本にはまだM&Aに対する拒否反応があって株主や従業員の協力が得られず日本企業の買収はうまくいかないといった先入観が外国人投資家にあると考えられる。

　しかしながら，日本には世界的な競争力をもつ企業が多数存在し，その多くの企業の株主構成の過半が外国人株主であること，新会社法によって株式交換によるM&Aが可能になることを勘案すると，今後，本格的なM&Aが到来することは間違いなさそうである。

　日本企業の経営者には，会社は顧客，従業員，株主，債権者，取引先等の利害関係者（stake holder）とりわけ顧客や従業員尊重の重要性を強調して，株主価値最大化を標榜する欧米流の考え方に違和感をもつ者も多い。しかしながら，顧客満足や従業員満足は結果として企業利益の増大に寄与するはずである。継続企業（a going concern）として将来にわたって会社が存続する最大の条件は利益の獲得である。

　十分な利益を上げられない会社は顧客や従業員を満足させることはできない。利益は満足度のような抽象的・定性的指標ではなく明確な数値で示されるために管理目標として，あるいは企業の効率性・収益性を表す指標として最も適切である。経営者が常に買収の脅威を念頭に置きながら経営を行うことは経営の規律を維持することにつながる。そして，株主価値最大化を達成することこそ

最も有効な買収防衛策なのである。

引用・参考文献

Mckinsey & Company,Inc., Tom Copeland,Yim Koller, and Jack Murrin (2000) *Valuation: Measuring and Managing the Value of Companies, 3 ed.* New York: John Wiley & Sons, Inc. (マッキンゼー・コーポレート・ファイナンス・グループ訳『企業価値評価』ダイヤモンド社, 2002)

Wasserstein, Bruce. (2001) *Big Deal: Mergers and Acquisitions in the Digital Age.* Warner Books Inc. (田中志ほり訳『成功するM&A失敗するM&A』日経BP, 2005)

第9章　若年者失業問題

はじめに

「未明に寝て昼頃起きる。日中はテレビを見たりして家でごろごろしている。親しい友人はおらず，親を含めた大人と口をきくこともない。就職活動をする気もおきない」。都会に住む20歳代男性ニートの象徴的な生活ぶりである。

　若者の間にアルバイトやパートタイマーでその日暮らしをするフリーターや，職探しや勉強する意志のないニートが近年増えてきており，深刻な社会問題となっている。内閣府レポート (2005) によると，フリーターはすでに400万人を超え，ニートも85万人に達しているといわれる。

　フリーターやニートが急激に増えているのは，長引く不況に加え，競争至上主義によるグローバリゼーションの大波をかぶっているわが国企業が，人件費を抑制するために正社員の新規採用を抑えていることが主因とされる。また，若者自身においても自分の人生を真剣に考えないことの未熟さ，さらには若者に対する職業指導，キャリア教育の不十分さなども併せて指摘されている。

　わが国は2006年頃から人口減少時代に入るため，日本企業においては，「人減らし経営」から「人手不足対策」へと方針転換することが喫緊の課題である。今後は現有の人的資源の能力を高めて，如何に有効に配置するかが重要になる。その時近未来の日本社会の担い手となるべく若者たちを有効に戦力化できないならば，日本に明日はないといっても過言ではない。若年者失業問題はこうした大きな問題を含んでいるため，さまざまな側面からの対策が検討され始めている。本章ではこうした動きを紹介することにしたい。

1 ニート・フリーターが問いかける社会問題

出現の背景——グローバリゼーションの大波

　1990年代以降，徹底した競争を推し進め，市場経済の原理を社会の多くの領域に導入してコストダウンを図るアメリカ型資本主義の原則が，グローバル・スタンダードになりつつある。この原則が人的資源管理に適用されると，企業は経営戦略に応じてその都度最も適切な人材を集め，プロジェクトが終了すると労働者は解雇されるというシステムが必然的に出来上がる。専門知識，技術をもつ人材を社内で育成するよりもアウトソーシングの方が低コストであるからである。し烈な国際競争を展開する多くのわが国企業においても，このような方法でダウンサイジング（合理化による人員削減）を進め，新規学卒の採用を大幅に手控える人事戦略を取ることが余儀なくされている。そのために，大量のフリーター[1]やニート[2]が出現する事態になったと理解される。

　当然ながら労働者サイドに対しても，自らの職業的なスキルを磨き，良い条件の職場を選んでいくようにと自助努力が強く求められる。日本企業の経営者は，「これが現代の潮流である。大競争に乗り遅れるな。インターネットを普及させパソコン教育に力を入れよう。企業も従業員も大競争下で鍛えよう」とにわかに叫び始めている。

　これによって，実力のある若者のなかには，年功序列の壁を打ち破り，若くして富や名声を手にする人も出てきた。若きベンチャー起業家の出現は，わが国社会がいよいよ実力主義の時代へと変貌していることを予感させる。しかし，実力主義社会は勝者と敗者とを生み出す厳しい現実を併せ持つことを忘れてはならない。すなわち，若きベンチャー起業家が出現する影には，同年代の多くの若者がフリーターやニートとして生きている現実にも目を向けなければならない。

　アメリカ型資本主義の原則がグローバル・スタンダードとなりつつあることに関して，「これはすでに現実であり，選択の対象とはなり得ない。グローバ

リゼーションを逆転させることはできない」といったとらえ方が今や支配的である。しかし，こうした理解に立ちながらも，イギリスの著名な日本研究者であるドーア (Dore, 2002) は，日本，中国，韓国をはじめとした東アジア諸国には，欧米のキリスト教的文化とは異なる儒教文化が根強く残っていることに注目する。そして，彼は東アジアに共通な儒教的な文化遺産とアメリカ的な現代経営との間に可能な限り結びつきを見いだすべきであるとし，それはとくに雇用システムについて重要であると指摘する。

　儒教の教えは，日本の終身雇用システムの形成に少なからず関与したといえる。なぜならば，キリスト教徒 (Christian) は神 (God) との関係で個人を考えるが，儒教徒 (Confucian) の場合は，個人と自分をとりまく重要な他者 (significant others，親・教師・職場の上司など) との関係をとりわけ重視するからである。そして，自分をとりまく重要な他者との間に成立する全面的な人間関係はグアンシー (guanxi) と呼ばれ，儒教文化圏における独特な社会慣行を形成した (Bian & Ang, 1997)。かつての日本における職場の同僚との全面的人間関係もその一つである。

　しかし，欧州のみならずアジアをも席巻するグローバリゼーションの大波は，儒教文化圏におけるビジネスの慣行を根本的に変質させている。かつて中国へ直接投資する海外企業の多くは，中国に根強く残るグアンシーに馴染めず，一つの心理的障壁になっていたが，近年における中国進出大企業にとってグアンシーの障壁が意識されることは少なく，グアンシーは単に西欧的な人的ネットワークやコネクションとほぼ同義になっている (Hutching & Murray, 2002)。日本においてもグアンシーの象徴であった職場の同僚との全面的人間関係志向が，短期間のうちに部分的・形式的な人間関係志向に変化していることは，第2章においてすでに示した通りである。

　グローバリゼーションの大波は，長い年月をかけて育まれた地域文化や宗教の影響までをものみこみ，日本のみならず東アジア，そして世界のビジネス社会を席巻している。したがって，ドーアが指摘する日本企業の雇用システムのなかに儒教的価値観を残すことは容易ではないことがわかる。しかし，市場原

理に任せたまま優勝劣敗化が進行し，大量の若年失業者が出現する事態は看過できず，労働行政サイドの支援が強く求められる。

社会的影響——二極化社会の実態

競争原理によるグローバリゼーションは，格差社会という負の産物を生み出した。所得分配がアンバランスとなり，社会は階層化，二極化の方向に進んでいる。多くのフリーターやニートは競争社会によってもたらされた敗者であり，負の産物といわざるをえない。「30歳代のフリーターが定職に就く環境を整えないと，将来，治安の悪化や生活保護の急増など社会の負担となりかねない。国が率先して環境整備を図るべきだ」というのが，労働問題専門家のほぼ一致した見解である。

フリーターが正社員になれないことによる損失を試算したデータによると（表9-1, 2），フリーターの年収は正社員の4分の1程度に留まり，生涯賃金では1億5000万円以上もの差がつくとされる。有配偶者率も正社員の半分程度になっている。加えて，年金など社会保障の支え手が減少するといった経済全体に及ぼす影響も懸念されている（針原，2005）。

表9-1　フリーターと正社員との比較

	正社員	フリーター
年　収	387万4000円	105万8000円
生涯賃金	2億1500万円	5200万円
20～34歳の5年後の有配偶者率	43.6％	22.0％

（出所）UFJ総研試算など（読売新聞2005年5月30日）

表9-2　フリーターが正社員になれないことによる損失

税収（2001年時点）	1.2兆円減
消費額（2001年時点）	8.8兆円減
貯蓄（2001年時点）	3.5兆円減
名目GDP（2010年時点）	1.9ポイントダウン

（出所）表9-1と同じ

わが国企業の多くが，人件費コスト削減の手段としてパートタイマー，フリーターなどの非正規労働者の数を増大させたため，低所得者が増加した。賃金

の低い労働者が増えたことが一因となり，企業業績が回復し，景気回復の兆しもみえてきたが，所得格差が拡大し，優勝劣敗化を促進させたことは否めない。

グローバル・スタンダードの本家本元であるアメリカにおいては，この傾向がより顕著にみられる。全米一のハイテク産業の集積地であるシリコンバレーでは，1日に平均64人のミリオネアー(100万ドル長者)が出現する反面，2万人以上のホームレスが存在するといわれる。高額所得者が増えるにつれて地価や家賃が急騰し，職業をもっている人であっても高額報酬やストック・オプションとは無縁の人々は家賃が払えず，住みなれた家を追われているからである。弱肉強食の競争原理が貫かれているアメリカ社会では，所得上位20％の階層がアメリカ国民所得の実に84％を占めており，所得格差は年々拡大しているといわれる。天文学的な額の資産をもつ人がいる一方で，まじめに働きながらも家を追われるというアメリカ社会の現実は「国家の真の豊かさ」という問いを強烈に突きつけており，アメリカ社会は未だそれに対する答えを見いだしていない(三浦，2000)。

地味な労働に日々従事している人たちに対して，安定した雇用，自立して生活できる収入，職場での発言権が保障されないような経済社会であるならば，それは誠に不健全なものであるといわざるをえない。経済成長は社会的連帯とともに達成されるべきであり，経済のグローバル化時代には，経済活動によって生み出された富の分配ばかりではなく，負の産物を作り出さないシステムの検討が企業や行政に対して求められる。ドイツの社会学者ベック(1998)は，近代化の結果がそのまま「負の財」として跳ね返ってくる現代を「リスク社会」と名付け，それに対応できる新しい政治システムの創造を呼びかけている。ベックによれば，伝統的な産業社会では，収入や職や治安の配分が対立要因であり，それを調整するために政治システムが存在していたが，現代ではそれに負の財の調整が加わるという。ベックのいう負の財とは，原発事故，テロ，戦争，自然破壊などが主に想定されているが，行き過ぎた市場競争によって生み出されたフリーターやニートも紛れもなく，現代の負の産物であるといえる。

2 若年者失業問題に対する行政の取り組み

雇用調整を市場メカニズムに任せて所得格差には目をつぶるシステムがアメリカ型であるとすれば，欧州各国のシステムは，経済成長と雇用確保を両立させることをめざしている。すなわち，若年者に対する職業教育やワークシェアリング，公共部門による直接雇用などに取り組むセーフティーネットの備えも怠っていない。こうした取り組みは，わが国の若年者失業対策においても大いに参考になる。本節では先進的な欧州各国の取り組み（主にイギリス）を紹介したうえで，現在のわが国行政の取り組みについて述べることにしたい。

欧州各国の取り組み

イギリス　かつて「ゆりかごから墓場まで」といわれ，高福祉国家の象徴的存在であったイギリスでは，手厚い失業手当に頼って生きる，いわゆる「プロの失業者」を生み出した。高額で長期にわたる失業保険の給付が失業者の再就職への意欲を弱め，長期失業者を生み出したのである。これは政府に大きな財政負担としてのしかかった。この構図を突き崩していったのが規制緩和や民営化などの改革を断行したサッチャー首相であった。サッチャー保守党政権は，労働政策としても最低賃金制の廃止，失業保険給付額の削減，労働者のスト権の制限などを行い，福祉コストを削減し市場原理に基づく産業社会の活性化を図った。この政策は一定の成果をもたらしたが，競争によって生じた敗者の存在を見過ごせなくなった。

1997年に保守党から政権を奪取したブレア労働党政権は，98年より「福祉から労働へ」をスローガンに若年者失業対策の目玉として「ニューディール政策」を推進した。これは18～24歳の若年失業者に対して，以下のようなステップを踏んで，まず4カ月間の求職活動支援を行い，それでも就職先が見つからない場合には，一定期間，指定された企業で働くことや職業訓練を受けることを義務づけるというものである（勇上，2004）。

- 第1段階（Gateway）：カウンセリングを中心とした求職活動支援を個別相

談員から最長4カ月間受ける。
- 第2段階 (Option)：助成金を受けた企業あるいはNPOでの就労訓練，環境保全活動への参加，フルタイムの教育訓練への参加の中から選択し，6～12カ月間従事する。
- 第3段階 (Follow through)：Gatewayに類似した求職活動支援を最長6カ月間受ける。

なお，第3段階を終了しても就職できない場合には，再び第2段階へ戻るとされる。重要な点はこのプログラムに参加しない場合，あるいは途中でドロップアウトした場合には失業手当の給付が打ち切られる点である。かつてのような一方的な弱者救済ではなく，失業者に対して自助努力を課し，各人の職業能力を高めることによりイギリス労働市場全体の質的向上をめざしている点が特筆される。さらに，プログラムの全行程を通じて，失業者に対して公共職業安定所のアドバイザーが個別に付いて，きめ細かなカウンセリングとサポートを行っていることも注目され，若年者失業問題に取り組む政府の並々ならぬ姿勢がうかがえる。加えてニューディール政策実現のためには，就労訓練の場を提供する地域企業の協力があることも忘れてはならない。

上記プログラムは一定の成果をもたらし，その後若年失業者ばかりではなく，25歳以上の長期失業者や中高年齢者まで対象者を拡大させている。ニューディール政策には20億ポンド（約4000億円）の巨費が投じられ，その財源はブレア政権が実施したウインドフォール（利益還元）税が充てられた。これは，電力，航空，通信などを民営化することによって得られた旧国営企業に対する課税金である。

しかし，就労を通じた社会的統合をめざすニューディール政策には本質的な問題があり，最も支援を必要とする階層ほど雇用の継続が難しく，単にプログラムの間を往復するだけの可能性がある。とくにニートについてそれが当てはまり，必ずしも有効な支援策になっていないとされる。イギリスのニートには，低学歴，将来をあきらめている，親が低収入などの特徴があり，彼らは社会との接点が少ないことが指摘されている。彼らは自ら進んで求職活動をすること

が少ないため，彼らが社会的に排除される前にアドバイスや支援を行い，大人としての生活や職業生活への順調な移行をサポートすることが必要である。こうした目的で 2000 年に行政組織のなかにコネクションズ・サービス・ナショナル・ユニット (CSNU) が設置され，翌年から以下に示すコネクションズ・サービスが展開されていった (労働研究・研修機構, 2005)。

　これは，イギリス国内の 13 ～ 19 歳のすべての若者を対象として，政府と地域が連携し，パーソナルアドバイザー (PA) が個々の若者をサポートしていくシステムである。地域ごとに CCISs (Connexions Customer Information Systems) と呼ばれる追跡情報データベースを作成し，義務教育を終了した若者の進路を確認し続け報告することが義務づけられる。データベースの起点は，若者の 13 歳時の基本データ (氏名・性別・連絡先など) であり，これは学校から提供される。在学中は PA によって主に就職に関する情報提供やガイダンスが行われる。卒業後は CCISs に基づき，進学者には年に一度コンタクトをとり状況を把握する。またいわゆるニートに対しては，3 カ月に一度接触し適切な支援が行われる。PA はニートに会うために危険な場所に出向くことも少なくなく，接触に成功すると，まずカウンセリングを行い，就職，進学などの進路に応じて専門機関と連携しながら，適宜必要な対応をとっていく。

　親元で暮らせない若者に対しては，住宅確保の支援まで行い，若者の生活の立て直しに全面的に取り組んでいる。「相談員が自宅に来てくれなかったら，今頃は路上をぶらぶらしていた」，「ここに来れば進路に関するすべてがある」といった声が 18 ～ 19 歳の無職少年から聞かれるという。

　イギリス教育・技能省によれば，職業訓練や大学進学など社会とつながりをもつ若者が増加し，16 ～ 18 歳のニート数は，支援拠点が全国的に稼働することにより，わずか 2 年間で 4 万人減少したという (大津, 2005)。今後ますます実績をあげていくためには，直接若者に接する PA の職能発達や関係諸機関の有機的な連携協力体制の強化が，より一層重要になるといえる。

　イギリスは，かつての高福祉・高負担国家でもなく，アメリカ型の市場主義のみの国家でもない第 3 の道を切り開いている。福祉から労働への政策転換を

図り，1980年代前半に10％台の高失業率にあえいでいた失業大国は，雇用先進国へと生まれ変わっている。

この他の欧州諸国においても，失業者の職業訓練に力を入れ，彼らが敗者復活できる道を模索するイギリス流の方法が重視されている。

デンマーク　最長8年間続いた失業保険の給付期間を4年間に短縮し，長期失業者や若年失業者に対しては，企業での「実習」や「職業訓練」を義務づけている。4～13週間の短期的な「実習」期間中には失業保険が給付され，企業は賃金を払う必要はない。また長期の試験雇用的な「職業訓練」の場合には，訓練期間中に賃金が支払われるが，企業に対しても6カ月間一定額の補助金が支給される。さらに，公共機関では介護や社会保障分野において48歳以上の失業者を優先的に採用している。

こうしたシステムがうまく機能している背景には，公共の職業安定所と受入企業との仲介役を果たす民間の就職支援会社の役割が大きい。担当者は実習中の失業者を訪問しきめ細かなケアを行う。職安との契約は入札方式であり，就職実績が落ち込むと翌年の契約はおぼつかないという。これらの諸施策に要するデンマーク政府の支出は，国内総生産の約1％（約1500億円）に相当するといわれ，決して軽くはない。しかし，失業率が高まると他の政府コストも高まるため，これは必要コストととらえられている（林，2002）。

オランダ　1人当たりの労働時間を減らすことにより仕事を分け合う，いわゆるワークシェアリングによって雇用拡大に成功した代表的な国として有名である。1982年の「ワッセナー合意」により政府，経営者，労働組合の3者が，失業対策として賃上げの抑制と労働時間の短縮，パートタイム雇用の推進などを取り決めた。その結果，83年に12％近かったオランダの失業率は，2000年には2％台まで下がった。

オランダの例で重要なことは，同一労働同一賃金の原則に則り，フルタイマーとパートタイマーの時間当たりの賃金を同一にし，両者の労働条件に差をつけることを禁じた点である。これによってフルタイマーの労働条件は切り下げられたが，パートタイマーの雇用が拡大し，女性の職場進出を推進させた。夫

婦ともにパートタイマーでも十分に生計が維持できるという画期的な経済システムが構築されたことは特筆される。大きな階級対立が生ずることなく、こうしたシステムが国民に受け入れられた背景には「小国ならではの危機感の共有」があるといわれる。ワークシェアリングが、ただ単に仕事を分け合うだけのシステムでなく、豊かさを国民全体で分かち合うシステムとなったことは、まさに21世紀の共存モデルの一つとして、日本や欧米先進諸国は見習うべきであると思う。

日本の取り組み

わが国において若年者の失業問題が顕在化したのは1990年代後半からであり、当初はすべて自助努力で解決すべき問題であるとされた。新規学卒一括採用で滅私奉公によるジェネラリスト型人材を育成していた時代は終わり、21世紀は「就社ではなく就職」の時代である、すなわち専門的能力が問われるスペシャリストの時代であると盛んに喧伝された。そのため若者は能力開発に努めなくてはならないとされた。

こうしてわが国企業は、人材への教育投資を削減し、人員削減を柱とするリストラを進めていった。90年代後半からの10年間に金融を除く東証1部上場企業全体において約28％の従業員がリストラされたといわれ、日立製作所や松下電器産業といった大企業でもグループ全体でそれぞれ1万人以上が削減された。緊急避難的な企業業績の回復のために人員削減がきわめて効果的と考える経営者が多かったことは否めない。「ウチは新卒を育てている暇はない。最初からできる奴を採れば良い」と公然と語る経営者は珍しくなくなった。

しかし、「こうした近視眼的見方が中長期的な日本社会に大きな影を落とす」ということが、ようやく気づかれてきた。2006年頃からわが国人口は減り始め、近い将来間違いなく労働力不足の時代となる。若年時にフリーターやニートとして過ごし十分な職業訓練を積んでいない人が増えることは、貴重な人的資源の損失にほかならず、若者支援は日本社会の将来像と密接にかかわる問題であることが本格的に認識され始めた。

これを受けてのわが国行政の施策として、次のようなものがあげられる。

①ジョブ・カフェ（就職支援センター）：若者の就職情報の収集や職場体験，相談などを1カ所の窓口で受け付けるものであり，43都道府県下の60カ所以上で開設されている。

②若者自立塾：厚生労働，文部科学，経済産業，内閣の4府省によって策定された「若者自立・挑戦プラン」に基づき，各地で生活訓練や労働体験のできる施設である。1回に2400人が参加できる。

③ジョブ・パスポート制：ボランティア活動の実績を記録し，就職活動でアピールできるようにするシステム。

④トライアル雇用：企業で3カ月間試行的な雇用を行い，マッチすれば正規採用するシステム。

⑤ヤング・ジョブスポット：独立行政法人「雇用・能力開発機構」が若者向けの就職相談や情報提供を行うため，全国16カ所に設置。就職斡旋は行わず，仕事探しの前に自分を見つめる場所と位置づけている。トークセッションなどが用意されている。

⑥バウチャー制度（検討中）：職業訓練を希望する若者に職業訓練券（バウチャー）を配り，専門学校等の職業訓練施設の入学金や授業料に充てるというシステム。施設側は集まった訓練券を国に提出し補助金相当額を受け取る。施設に補助する従来の制度に比べて，個人が自分にあった訓練施設を選べるため，施設間の競争を生み，訓練サービスの向上も期待できるというもの。

上記施策はまだ実施後の日が浅く（検討中のものも含む），十分な効果は見いだされていない。しかもこれらの施策はいずれも拠点を設けて若者を集めるというものばかりであり，「待ちの姿勢」にとどまっている点が問題視される。なぜならば，ニートには対人関係を築くことが苦手な若者が多く，自分から積極的にこうした場に出向くことはあまり期待できないからである。すでに述べたイギリスのコネクションズ・サービスのように支援側が自ら出向く方法でなければ，十分な効果が得られないといえる。

さらに，ニート対策には小手先の職業訓練的なものではなく，根本的なキャ

リア教育の必要性を指摘する声がある。これまでわが国の学校教育において「働くことの意味」を考えることが著しく欠如していたとされる。フリーター・ニート問題は，こうした根本的な教育問題にも及ぶ大きな社会問題としてとらえなければならない。わが国では未だ暗中模索の状態で諸施策が検討されているにすぎず，今後の真剣な取り組みが喫緊の課題である。

3 キャリア教育の必要性

社会科学系学生の低い問題意識

わが国のニート対策は手探りの状態であり，いまだ有効な対策は見つかっていない。そこで若年者教育のあり方を根本的に見直すべきであるという議論がにわかに高まっている。深刻な少子化の影響により，厳しい受験戦争を勝ち抜かなくても大学へ入れる時代となった今，大学で学ぶことに対する問題意識の乏しい学生が増えていることが指摘されている。大学卒がエリートであった時代は遠く昔に過ぎ去り，今や大学卒がニートやフリーターになることが珍しくない時代である。

筆者は2001年に中堅私大学生の意識調査を行った。本調査は，大学で学ぶことの意識に関して社会科学系学部，工学部，および文学部の学生を比較したものである。結果を表9-3((1)〜(7))に示す。いずれの項目においても，社会科学系の学部で学ぶ学生の問題意識の低さが如実に表されている。

大学進学決断の時期については，工学部，文学部の学生の過半数が高校進学前であるのに対して，社会科学系学生の75％が高校進学後となっている。そして進学する学部を決めた時期が高校3年とする学生は，社会科学系で実に77％に達している（工学部47％，文学部25％）。現在学んでいる学部への進学理由をみると，社会科学系学部の学生は「何となく」が40％と際だって高い。工学部や文学部の学生のほぼ半数は「学びたいことがあった」と回答しており，何となくと回答する学生は少ない（工学部22％，文学部2％）。社会科学系学生の

表9-3 大学で学ぶことに対する意識（学部間比較）

(1) 大学進学を決断したのはいつですか

	工学部	文学部	社会科学系学部
高校進学前	52	68	25
高校1年	22	14	33
高校2年	10	12	20
高校3年	16	6	22

(2) 進学する学部を決定したのはいつですか

	工学部	文学部	社会科学系学部
高校進学前	13	43	0
高校1年	17	13	5
高校2年	23	18	18
高校3年	47	25	77

(3) なぜ工学部，文学部，社会科学系学部に進学しようと思ったのですか

	工学部	文学部	社会科学系学部
①	50	45	10
②	12	50	25
③	17	3	25
④	22	2	40

〈選択肢〉①学びたいことがあった，②就職のため，③相対的に比較して，④何となく

(4) 現在受講している授業をどのように感じていますか

	工学部	文学部	社会科学系学部
とても楽	7	10	22
多少楽	33	8	62
多少大変	35	62	13
とても大変	25	20	3

(5) 大学卒業後の進路をどう考えていますか

	工学部	文学部	社会科学系学部
①	50	28	5
②	30	63	42
③	17	5	43
④	3	3	10

〈選択肢〉①明確に決まっている，②ある程度決まっている，③漠然としている，④全く決まっていない

(6) 自分自身に人生上の夢や目標がありますか

	工学部	文学部	社会科学系学部
①	33	35	13
②	35	43	36
③	23	17	46
④	5	5	5

〈選択肢〉①明確にある，②ある程度ある，③漠然としている，④全くない

(7) この大学の学生としての生活に満足していますか

	工学部	文学部	社会科学系学部
①	22	27	2
②	39	40	33
③	27	17	43
④	12	17	22

〈選択肢〉①大変満足，②ある程度満足，③あまり満足していない，④満足していない

注 (1) 調査対象は各学部60名（3～4年生）であり，キャンパス内で個人面接調査法によって行われた。
　 (2) セル中の数値は％である。カイ2乗検定の結果，すべての表について0.1％水準で有意差がみられた。

問題意識の低さがうかがえる。

　また，現在受講している授業について，勉強が大変である（「多少大変」と「とても大変」の合計）とする学生は，工学部で60％，文学部は82％と高い割合を示している。これに対して社会科学系学部の学生の場合，わずかに16％であり，逆に「とても楽」と「多少楽」の合計が84％に達している。大学での勉強に対する問題意識が低いため，授業に対する取り組みも工学部や文学部の学生と好対照を成している。ただし，これについては学生ばかりの問題ではなく，マスプロ教育が主体となっている私立大学・社会科学系学部の教育体制のあり方，および学生の問題意識の低さに乗じた教員側の姿勢も併せて指摘されなければならない。

　大学卒業後の進路については，社会科学系学生の場合，「漠然としている」と「全く決まっていない」を併せて53％に達している。一方，工学部，文学部学生の回答は20％，8％にとどまっており，大きな差がみられる。将来展望が開かれなければ，当然ながら人生に対する夢や目標も定まらない。社会科学系学生の場合，夢や目標が「漠然としている」と「全くない」を併せて51％と過半数を超えているが，文学部学生は22％，工学部学生も28％にすぎない。この2学部の学生の場合，ある程度夢や目標が具体的になっていることがわかる。さらに人生に対する夢や目標の設定は，日々の生活における満足度と密接な関係があり，社会科学系学生は，工学部や文学部の学生に比べて満足度が著しく低くなっている。

キャリア・アンカーの未成熟さ

　社会科学系学生の問題意識の低さについて，筆者は次のように考える。

　一般に社会科学系学部で学ぶ学生の多くは，民間企業への就職を希望している（事実卒業生の圧倒的多数が民間企業へ就職する）。その業種，規模は多岐にわたり，公務員や教員となる学生も少なくない。社会科学系学部で学べば，就職に関して広範囲の選択肢が用意されていることは確かであり，在学中に十分に時間をかけて自分の進むべき道を定めることが許されている。しかし，選択肢が数多くある余り，彼らは自分がやりたい仕事，自分に合う仕事を明確に絞り込

むことができない。高校生時代の問題意識も決して高くなかった彼らが，それほど苦労することなく入学を許された大学において，十分に時間をかけて自分の将来を考えようとしてもなかなか思うようにならない。加えて大学側の教育体制が依然としてマスプロ教育主体であり，悩める学生に対するきめ細かな指導が不十分であることも否めない。教員の教育姿勢も問題視される。

　こうした学生は，心理学的にはキャリア・アンカー（career anchor）が未成熟な状態にあると説明できる。アンカー（anchor）とは船の錨を意味し，これが定まらなければ船は漂流してしまう。したがって，キャリア・アンカーが未成熟な状態とは，自分の能力，価値観，興味，関心に基づく自分にふさわしいと実感できる職業上の自己イメージが十分に形成されていないことをいう。こうした学生に対するキャリア教育が，現在の大学教育において求められている。とりわけ彼らは卒業後にフリーターやニートの予備軍になることが懸念されるからである。ちなみに中堅私大の卒業生の場合，自分の希望に添った就職ができる学生は1/3程度であり，不本意就職が1/3，残りはフリーターとなるという情報もある。

　これに対して，工学部や文学部の学生は，社会科学系の学生に比べてキャリア・アンカーがある程度確立しているといえる。工学部学生は原則的に在学時の専攻分野によって就職先が特定される。そのため入学時に自分のやりたいことを明確にする必要がある。それが専門性の所以でもある。文学部学生も同様である。文学部出身者の就職先の幅は狭いとよくいわれるが，それだけ問題意識が絞り込まれているといえる。彼らは入学時にアンカーが定まっているため，目標を設定して勉学に励み，そしてそれが将来の自分へ繋がっているとの確信をもつことができるのである。

キャリア教育のあり方

　近年キャリア教育が注目されはじめ，教育現場ではその実践方法が手探りで模索されている。キャリア教育の発祥は1970年代のアメリカであるとされ，若年求職者が当時の急激な社会変動や産業構造の変化についていけず，彼らに職業人としての能力を身につけさせるために教育現場で始められた。

キャリア教育とは，若者が社会の一員として自分の人生を積極的に生きていく力をどう育てるかという視点から教育全般を見直す教育改革の理念であるとされる（第22回私立大学進学懇談会，2005）。これは，中央教育審議会が1999年の答申のなかで提言した「学校教育と職業教育の円滑な接続を図るため，望ましい職業観・勤労観および職業に関する知識や技能を身につけさせるとともに，自己の個性を理解し，主体的に進路を選択する能力・態度を育てる教育（キャリア教育）を発達段階に応じて実施する必要がある」という脈絡から生み出された理念である。日本キャリア・デザイン学会が発足し，キャリア・デザイン学部を立ち上げる大学も出てきており，わが国における本格的なキャリア教育研究が開始されたといえる。しかし，具体的な内容は各大学によってまちまちであり，キャリア教育の評価軸も定まっていない。したがって，現時点でのキャリア教育は理念のみにとどまり，いまだ体系的な教育内容や実践方法の確立には至っていない。

　キャリア教育はいまだ不完全な状態ではあるが，ガイダンスとカウンセリングが緻密に連携することにより，それが成立すると理解されている。従来から，学校教育現場における集合的な職業指導の一環として，少なくともガイダンスのみは実施されていた。一方，個別に相談に応ずるカウンセリングは，専門的な技術や知識が必要とされるため，実施頻度は少なかった。しかし，近年キャリアカウンセラーやコンサルタントの資格認定に対する関心が高まってきたことにより，キャリア教育の方法や中身は大いに改善しているといえる（石井，2005）。ただし，キャリア教育の最終目標が「クライアントが教育や支援を通してキャリアを発達させ，さらに自己の力でキャリアを選択し形成していくこと」にあることを忘れてはならない。キャリアガイダンスやカウンセリングは，あくまでもその手助けにすぎない。基礎的な知識やスキルを身につけ，自己理解や職業理解を深める教育が学校段階でしっかりと行われることが重要である。未来を展望した，より早い発達段階からのキャリア教育がとりわけ重要であり，これによって生涯におけるキャリアの基盤が築かれるといえる。

　以上のことから，最終的なキャリア設計は自ら行うべきものであり，他人に

よって自分のキャリアが形づくられるわけではないことを強調したい。それゆえにキャリア教育は，子どもたちが自分たちの生き方を学んでいくプロセスを大事にし，教育よりも学習の観点が重視されなければならない。

　すでに述べた「若者自立・挑戦プラン」(4府省が連携して若者の自立援助を推進するプラン)においてもキャリア教育が言及されている。すなわち，47都道府県にキャリア教育の研究指定地域が設けられ，小中高の教員と地域の人々，保護者らが協力して，その地域に根ざしたキャリア教育が模索されている。具体的には，小学生に対する自然体験や社会体験を導入した授業の実施，中学生には職場体験の実施，高校生に対してはマナーアップ活動など，規範意識や社会性を育む実践教育が推進されている。地域内のさまざまな関係者との連携が重視されている背景には，キャリア支援を展開するにあたって，学校だけでなく家庭や地域社会，あるいは地域に根付く企業などの理解と協力がなければ解決できない数多くの問題にわれわれは突き当たるからである。

　加えてキャリア教育は，プロとして教えられる人が数少ないため，教える側も教わる側も，まず自分が勉強し，それを後進に伝授するといった姿勢で臨まなくてはならない。教員はキャリア教育の指導者ではなく，生徒のキャリア支援者であることを認識しなければならず，キャリア教育を通した教員自身の自己変革が迫られているといえる。

　キャリア教育の原点は家庭教育にあると筆者は考える。子どもの就職に関して，「子どもには好きなこと，やりたいことをさせたい」という親がおり，あたかもこれが，子どもの自主性を尊重した良い親であるかのように誤解されることも少なくない。しかし，これは決してほめられたキャリア教育とはいえない。「やりたいこと重視」の子育てが，結果的に「やりたいことを見つけられない」多くの子どもを生み出しているからである。キャリア・アンカーが定まらない子どもに対して，「やりたいこと重視」の家庭教育は親の責任放棄といわれても仕方がない。「何をやるかは自分で考えろ」の方式で親から突き放された子どもが，人生に迷うことはむしろ当然である。

　価値観の多様化が進む現代においては，「ああいう風になりたい，あんな職

業に就きたい」といった一元的なモデルが,そもそも確立しにくくなっている。加えて1990年代以降,従来型のいわゆる日本的社会システムがことごとく否定されており,大変革の最中を生きる若者にとって,現代は正しく「生き方モデルのない時代」になっているといえる。こうした時代においては,職業をもち社会との接点を数多くもつ父親が,子どもの持ち味を十分に分析し,職業人の先輩としていくつかの生き方モデルを彼らに提示することが重要ではなかろうか？ そして,子どもはそのなかから自分に合った生き方モデルを選択し,自らのキャリア・アンカーを確立していくべきであろう。それによって子どもは自力で生きる道を切り開いた達成感を享受し,自分自身に誇りをもつことができる。これがまさに家庭におけるキャリア教育であり,父親によるキャリア支援であるといえる。

　こうした視点で考えれば,子育てはすべて妻(子どもにとっては母親)任せの父親意識の存在が,ニートを出現させた一因であると示唆される。

注
(1) フリーターとは,自由のフリーとドイツ語で労働者を意味するアルバイターの合成語であり,わが国では1987年頃から大手就職情報誌によって使われ始めた。厚生労働省では,フリーターを15歳から34歳までのアルバイト,パートタイマーとして働く人と定義している。
(2) ニートとは,進学も就職もせず,職業訓練も受けていない若者を"Not in Education, Employment or Training"と1999年にイギリスにおいて名づけられ,その頭文字(NEET)を取った造語である。わが国では(1)15〜34歳,(2)家事・通学をしていない,(3)既卒,(4)未婚,のすべてに該当する人と定義されている。

引用・参考文献
Bian, Y. & Ang, S. (1997) Guanxi networks and job mobility in China and Singapore, *Social Forces*, 75, 981-1007.
第22回私立大学進学懇談会 (2005)「キャリア教育と進路指導：現状と課題を探る」読売新聞主催シンポジウム 2005年5月19日.
Dore, R. (2002) Will Global Capitalism be Anglo-Saxson Capitalism？ *Asian Business & Management* 1, 9-18.

針原陽子（2005）「あんしん図鑑 第2章フリーター・ニート対策」読売新聞2005年5月30日.

林美子（2002）「仕事と人結ぶ試み奏功：失業率5％台，欧州に学ぶ処方箋」朝日新聞2002年5月2日.

Hutchings, K. & Murray, G. (2002) Australian Expatriates's Experiences in behind the bamboo Curtain: An Examination of guanxi in Post-communist China, *Asian Business & Management* 1, 373-393.

石井徹（2005）「キャリア教育とは」労働政策研究・研修機構コラム（http://www.jil.go.jp/column/index.html）

三浦潤一（2000）「仕事あるのにホームレス：シリコンバレー」読売新聞2000年5月21日.

内閣府・青少年の就労に関する研究会（2005）『若年無業者に関する調査（中間報告）』

大津和夫（2005）「スキャナー：ニート先進地の対策」読売新聞2005年8月3日.

労働政策研究・研修機構（2005）『若者就業支援の現状と課題：イギリスにおける支援の展開と日本の若者の実態分析から』（http://www.jil.go.jp/institute/reports/2005/documents/035.pdf）

ベック，W. 著　東廉・伊藤美登里訳（1998）『危険社会：新しい近代への道』法政大学出版局

勇上和史（2004）「イギリスのニューディール政策」労働政策研究研修機構・労働政策フォーラム（2004年2月26日開催）「先進諸国の雇用戦略」における配布資料（http://eforum.jil.go.jp/documents/040226/yuugami.pdf）

第10章　大学改革と経営

はじめに

　久しくぬるま湯にひたりきってきた大学に「マネジメント」が重要性を増してきたのは，教育・研究を含め，外部からの改革を迫られた結果，大学の活動のさまざまな面で，組織の力や組織的取り組みの成果が試されるという場面が急速に増大してきたからに他ならない。大学をとりまく情勢は大きく変化した。全入学に備え拡大よりも縮小という傾向はますますその度合いを高めているのである。このことについて大学のおかれている現状を俯瞰し，今日の大学改革と経営について述べている。

　一番の問題点を私立大学の大学財政においた。理事，評議員などの法人役員，学長，学部長などの教務執行部，管理者・スタッフ職員などの大学の管理運営に責任をもった人々をはじめ，学校法人の真実の財政状況を知りたいと願うステークホルダー（大学をかこむ利害関係者のこと）に対し大学の財政が広く，公開され，適切に分析され，その内容が明らかになることによって，大学が社会から肯定的に評価される機関として，発展することができるという視点に立ってのことである。

　とにかく，当面求められているのが大学の財政の透明化ということである。透明性の向上，情報開示の推進として学校法人に管理会計を導入したらどうかという提案もある。

　管理会計は，経営計画，意思決定，業績評価など経営管理のための情報を理事者に提供するためのものである。情報として，教育目標（教員の成果，実績，

履行状況など）をここで検討するのも大学教育改革の1つと考えられよう。このような提案をしている。

1 大学が担う使命

教育改革の現状

いま進行中の大学改革は大学のありようをより良い方向へ改革するものでなくてはならない。しかし現実には確かな「理念」もなく，市場原理などの「現実」が主導しているように見受けられるのはなぜか。

改革という名がつけば何でも「善」というわけではない。ことに大学の改革においては，その建学の精神やその固有の歴史や伝統などを抜きにしては語れない。

単に市場メカニズムのみによって割り切るならばおそらく「改革」はすればするほど，日本の私学は個性を失い，均質化して衰退する。

1947（昭和22）年，新憲法の理念を教育において実現するために「学校教育法」が制定された。その第52条に「大学は学術を中心として，広く知識を授けるとともに，深く専門の学芸を教授研究し，知的，道徳的および応用的能力を展開させることを目的とする」と大学の目的を定めている。簡略な規定であるが，要するに，大学にはアカデミックな研究の機能と人間に必要な諸能力の開発が求められたのである。

1998（平成10）年に大学審議会が出した「21世紀の大学像と今後の改革方策について[1]」という答申によって「大学改革」が大きく動きだした。その結果，近年の大学改革で話題になるのは，「産学連携」「大学のベンチャー」「COE」「ロースクール」「専門大学院」等々であるが，よく考えてみるとこれらの題目は，一般の大学生にはほとんど関係がないのではないか。しかし，これらの課題がたとえ実現したとしても現にいま大学に学ぶ学生にとってほとんど影響がないだろう。

(1) 競争で大学は輝くか

　いまの大学改革は大学とは何か，大学の将来像をどのように描くかという基本の「理念」を放置したままで，「改革」と称して規制緩和が進んでいるというのが実情である。その結果，小中高から短期大学，専門学校，大学，大学院という日本の学校教育の体系に混乱が生じている(2)。

　はたして勝ち残った大学が必ず良い大学であり，社会にとって有用な大学であると誰が断言できるのか。

(2)「実学」とは何か

　教育とは単なる知識の切り売りではない。学生の魂を揺さぶり，生きる意欲を喚起してこそ教育である。学生は大学で新しい価値を求めている。自らの進むべき方向を決するような思想を求め，自分を輝かせる人生の目的を求めている。

　現在，各大学は実学を勧め，学生の勉学意欲を呼び起こしているが，やがてはその意欲を衰退させることになるであろう。いま大学が競って「実学」を売りにするのは少子化による18歳人口の減少のなかで，政策的に「競争的環境」がつくられ，そのなかで生き残りをかけて志願者を奪い合っているだけのことであろう。今日の大学改革は，もっぱら「何ができるか」にのみ偏し，「何をなすべきか」という点が軽視されているのではないか。

　昨今，大学のみならず，小中高の学校における学力低下が話題にならない日はないくらいである。なぜこのようなことになったのか。

　戦後の日本の大学教育はあまりにも「パン」と結びつけすぎた。本来，「パン」とは最も迂遠なはずの大学の学問が，それによって古くは「官」，新しくは「一流企業」に用いられて名利を得るための手段とされた。このことが，今日の大学における混迷の遠因ではないだろうか。もし，そうであるとすれば，昨今の大学が改革と称して「実学」を重視することは同じ過ちを繰り返すことになるのではないか。

2 改革改善を遅らせている要因の分析

大学が直面している深刻な問題

　少子化の影響が最も深刻に，そしてストレートにあらわれるのが大学をはじめとする教育機関であることには間違いない。大学受験適齢期人口となる18歳人口は1992（平成4）年の205万人をピークに，毎年減少の一途をたどっている。18歳人口が減少することは早くからわかっていたにもかかわらず，それに備えての高等教育改革に手をつけないままズルズルとときを過ごしてきたのである。わが国大学の伝統的体質のなせる結果である。

　ところで1996年に大学審議会が18歳人口の減少や大学進学率，入学定員の変化などを試算したところ，2009年には，進学希望者と大学入学定員の数が一致するという結果が出ている。

　一般に，定員割れの危険性が高いとされる倍率は1.5倍というのが定説である。ところが，この1.5倍のラインを切った私立大学が，もうすでに多数出ている。しかも，1997年度には倍率1.5倍以下の大学が6校だったのが，1年後の1998年度には17校と，実に3倍にも増加しているのである。いずれにしても，私学が生き残っていくための熾烈なメガ・コンペティション（大競争）時代に突入したといえる。

（1）自由競争の原理

　1991（平成3）年に，文部省（現・文部科学省）は「大学設置基準」の大綱化・自由化を打ち出した。いわゆる"規制緩和"であり，これを契機に大学に自由競争の原理を導入し，相互に切磋琢磨しながら，より優れた高等教育機関づくりをしていこうというのが政策の基本的なねらいであった。

　全国の各大学は，この「大綱化・自由化」を受けて，自らの大学のそれまでの「内容」を自己評価・自己点検し，それを踏まえて生き残りのためのさまざまな戦略の構築に真剣に取り組んでいる。

　その内容は大学によっては違いはあるが，建学の精神の再確認をはじめ，入

試制度改革，カリキュラムの改編，大学院の充実，海外の大学との交流拡充，施設・設備のリニューアルなど，大学運営の基本的な諸問題が網羅されている。また，私学の場合には経営を無視しての存続・発展はありえないから，財政基盤の安定と強化を図ることは至上命令でもある。そこで，学生からの納付金や国庫からの助成金に全面的に依存しなくても大学運営が続けられるように，思い切った発想の転換によって別途収入の道を模索している大学も多い。

とにかく，全入時代に突入するといわれるシビアな状況が待ち構えている。その難局を乗り切っていくには，社会人や留学生の受け入れを積極的に行うなど，新たな市場の開拓に取り組まねばならないが，それとて，どこの大学でも参入しているのが現実の姿なのである。しかし，市場獲得競争はことさら熾烈を極めることになるだろう。それだけに，一定の学生数を確保できずに，いわゆる「倒産」に追い込まれてしまう大学が出てくることが危惧されている。基本的には「自由競争」の原理が大学に投げ込まれたのである。

これまで，教育機関というだけで特別な庇護のもと，ぬるま湯にどっぷりつかってきた大学に，かつてない緊張感と危機意識を喚起し，否応なくドラスティックな改革へと駆り立てた"設置基準"の大綱化を評価するが，反面，自由競争がもたらす宿命ともいうべき「自然淘汰」という厳しい犠牲をともなうことを肝に銘じておく必要があろう。

(2) 大学は「構造不況」

大学のバブルは，入学志願者の増加という最も顕著な形であらわれた。「みんながいくから私も」といった横並びの発想も手伝って，大学への進学希望者が加速度的に増え，ピーク時の1980年代後半～1990年代初頭には，私立大学の延べ志願者が400万人規模まで膨らんだほどである。

18歳人口が増加したのに加え，当時は併願校数が多かったことも，志願者が膨らんだ大きな要素だった。それに受験料を支払う保護者のほうに経済的に余裕のある人が増えたことも，それらの傾向をさらに助長した。なにせ平均的な私立大学の一般入試の受験料は3万3000円が相場で，5校も受ければ20万円近い金額が必要になるのだから，これは半端な時代ではなかった。

いずれにしても、バブル期には、各大学ともに、いまよりも受験者数がはるかに多く、18歳人口の減少に対して口では危機感を唱えながらも、実態はまだバブル経済にどっぷり浸っていたといわざるをえない。

3 大学改革のネックとなる組織運営体

「大学審議会」の答申

1998（平成10）年10月の大学審議会答申では、大学の自主性に基づく多様性と個性化、国際的通用性と共通性の確保、大学の社会的責任等を重視しながら、以下の4つを基本理念に沿って、現行制度を大胆に見直し、改革を推進することが必要であることを提言している。

①課題探求能力の育成を目指した教育研究の質の向上
②教育研究システムの柔軟構造化による大学の自律性の確保
③責任ある意思決定と実行を目指した組織運営の体制の整備
④多元的な評価システムの確立による大学の1個性化と教育研究の不断の改善

このうち「課題探求能力の育成を目指した教育研究の質の向上」は、すでに欧米で1980年代以降、盛んに行われてきた教育構造の改革に通じる流れである。わが国の場合、残念ながら、まだアメリカの大学のような徹底した「教育重視」の姿勢はみられない。その理由は、入試やカリキュラムの改革は進行しているものの、実際に教育を担当する教員に対しては、まだメスが入れられていないからである。大学を支える二本の柱はいうまでもなく研究と教育だが、わが国の大学では、いわれるほど教育は重視されてはいない。その証拠には、教員を採用する場合もすべて研究業績で選考され、昇格もまた論文のみが評価の対象とされている。そして、どちらかといえば教員もまた、教育者としての意識や情熱に欠けるきらいがある。

一方アメリカの大学では、教員採用において、教育能力がきわめて重んじら

れている。このやり方に問題がないわけではないが，給与や昇給の査定において も，学生による教授評価の結果が重視され，かりに2から3年連続して学生の評価が低ければ，リストラの対象にもなるというシビアな環境にあり，教員は日々努力を怠ることは許されない。以前にはわが国の大学でもよくみられた光景ではあるが，古びたノートを頼りに変わりばえのしない講義を繰り返したり，心の通わぬ一方通行の授業ばかりやっていては一日とて自らの地位を維持していくことは不可能である。

そのため，ベテラン教授と新任教授がチームを組んで，教育能力の向上に努めることも日常茶飯事だ。任期制が通例のアメリカでもテニュアという終身雇用保障制度があるが，この資格を得るためには一定期間以上の勤務や，研究発表の審査を経るなど相当の厳しい条件があり，その取得のため必死で教育能力のアップに向けた研究や自助努力が行われているのである。

こうした「教育重視」の姿勢が貫けるのは，大学運営の意思決定と実行に関して，学長を中心とする大学執行部が，自らの主体的判断と責任に基づいて行えるような体制が整備されていることが大きな背景として存在するからにちがいない。

わが国でも，アメリカをモデルにした大学審議会の答申の一つに「責任ある意思決定と実行を目指した組織運営体制の整備」が高らかに謳われている。つまり，「教育」の総指揮をとる教務責任者としての学長のリーダーシップのもとに，適時適切な意思決定を行い，それを実行できる組織運営システムが確立されなければならないというわけである。

大学経営を円滑に進めるためには，教学に携わる教授会と，管理・経営を担う理事会との意思の疎通と結束こそが，今後の飛躍の大きな力となることは間違いない。わが国における大学改革が，思ったほど進んでいないのは，また進めることが難しいのは，大学の組織運営の構造上の問題が最大のネックなのである。

外部の変化に対応できない教授会

大学改革の成否の鍵を握るのは，ズバリいって教授会にあるというのが，私

の基本的な考えである。教授会は，人事権を含めて大学の運営自体に非常に大きな影響力をもっている。それだけに当然，改革に関しても，その役割はきわめて重要であり，本来ならば改革の旗手として，その先頭に立つべき立場なはずである。にもかかわらず，何かといえば，「教授会自治」の名のもとに自らの存在を聖域化し，有形無形の砦を築いて，外部の声に耳を傾けようとしない特異な行動パターンを示しているように思えてならない。

　教授会の自治を主張する場合，そこには自らの手で，徹底した自己評価・点検を実施していく自律的な改革姿勢がなければ，それはとうてい社会的に認められるものではない。

　教授会の在り方に関する一連の問題について，今まではあえて黙認するか，避けて通ってきたのが実情である。しかし，大学が存亡の危機に直面する今日，蛮勇をふるってそのタブーを打破し，問題の核心に迫る率直な自己評価が断行されねば真の大学改革は期待できない。もちろん，その場合必要なのは，対立や排除の論理ではなく，共通の問題意識，それに相互理解と協力であることはいうまでもない。

　私立大学の間では，一般的に組織や機構にそれほど大きな差はないと思うが，ほとんどの大学では，「理事会」は学校法人の目的と事業の達成にともなう一切の業務を決定する最高意思決定機関である。法人の管理，運営はもとより，学務，行政全般の立案，執行を司る最終責任機関として位置づけられている。

　これに対して「教授会」は，理事会の意思決定や立案に基づく「審議」「運営機関」という範疇を担当するが，取り扱う事項は広範囲にわたり，しかもきわめて重要なものが多い。

　大学の全般的教育方針の形成をはじめ，それらを具体化した教育課程の編成と運営などにおいて，第一次的に責任を有しているのである。任用候補者の選考を含む教員人事，学生の入・退学ならびに，教育課程に関する事項も，教授会の専権事項に含まれている。

　それだけに，教授会には，教育者として研究者としての高い識見，偏らない公正な判断と節度，教授間の不断の意見交換と相互啓発などが求められるとと

もに，理事会との間に十分な合意の形成を図り，大学の意思決定過程や執行過程における教授会としての機能を適切に発揮することが期待されているのである。

しかし，理事会と教授会は，それぞれ「経営を担うもの」と「教育を担うもの」といった形で，それぞれ権限が明確にされているにもかかわらず，両者間の意志の疎通が十分でないため，しばしば権限や責任問題について論議が起こっているのが，おおかたの大学の現状ではないかと思う。

ある大学では，「自己評価委員会」などを通じ，理事会と教授会の関係についても，かなり突っ込んだ検討がなされている。参考までに，そのチェック・ポイントとなった6項目について紹介しておく。

①理事会が最高意思決定機関として十分に機能し，意思決定の伝達，ビジョンの提示と指導，業務執行等が適切に行われているのか。

②学校法人と大学との責任権限の領域の明示が不十分なことはないか。

③理事会，教授会がそれぞれの権限と責任を明確に自覚し，合意形成の努力を行っているか。

④両者の意見調整，合意形成をはかる立場の学長の役割は十分に機能しているか，両者の意見調整を目的とする機関の設置によって円滑な運営を果たしてゆくことはできないか。

⑤学部長の権限の明確化と教授会に対する適切な統括と運営に欠けるところはないか。

⑥教授会は教育・研究という大学の基本的な機能に関して責任をもつものであり，それが扱う審議事項は大学全体の運営に強大な影響を及ぼすものである。しかし，大学はそれ以外にも多くの種類の職能・職制をもち，さらに全体として統括され，そのうえで全体の方針が決定されねばならないものであるが，教授会のみの立場で物事を審議決定するようなドグマをもつことはないか。

いずれにしても，理事会の示す大学運営の諸施策を実現するためには，相互理解に立った教授会との密接な合意と協力体制が不可欠である。両者の間に認

識のギャップがあれば，大学運営にとって決定的な支障ともなりかねない。したがって，双方の役割・権限の新たな明文化と調整機関の機能的な活用，組織の改編，理事会と教授会の相互理解等によって円滑な運営が図られるよう，改善への努力をしなければならないのである。

教員の人件費問題

現在，多くの学校法人が経営改革に取り組んでいるなかで，最も多いのが，経費削減の問題である。そしてその最大の課題は人件費の見直しに集約されるといってもよい。定年引き下げ，賞与の削減，昇給・昇格の停止，退職金制度の見直しによる削減，早期退職優遇制度の導入など人件費にかかわることばかりである。これらの改革に果敢に着手している大学は経営力のある大学と評価されるのであるが，大半の大学は人件費の見直しができていない。それどころか，逆に給与が高騰し人件費が経営を圧迫しているところさえある。

私も，教員組合の副委員長として給与問題で学校法人といくたびか交渉の経験をもっているが，なぜか，人件費については消費支出の50％以内にとどめたいという考えが強かったことを記憶している。この考え方は全国の私立大学で採用されている大学経営健全化の人件費の目安にもなっているのではないか。

理事会と教授会

大学審議会答申は，「学校法人の設置する大学の管理運営に責任を有する。私立大学では，運営実態もさまざまであるが，その建学の精神を実現し，大学改革を推進していくためには，大学の設置者である学校法人が大学の在り方全体について責任をもち，かつ円滑な運営を行わなければならない」と指摘している。

大学設置基準の改正によって，大学に「自由裁量の石」が投げ込まれ，競争の原理が導入されてから，私立大学においては「経営」の重要性がますます高まっており，しかも18歳人口の減少がそれに拍車をかけて，財政的経営努力は大学の存続にとって最重要課題となった。

わが国の私立大学の場合には，国庫助成金にのみ依存することはできず，財源の大半を自らが確保維持していかなければならないのが基本原則である。し

たがって，私学では，教学と財務は表裏一体の関係にあり，そのいずれかが不完全であっても経営は成り立たないのである。

さて，私立大学運営の大まかな流れは，教学担当の専門家集団である学部教授会が，理事会から要請・委託された教学に関する諸事項を審議し，その結果を理事会に報告する。理事会はそれらを受けて，財務，経営上の観点から審議決定し，それに必要な予算措置を講ずるという仕組みになっている。その流れのなかで理事会と教授会とは常に意思の疎通を図り，一体となって大学の健全な経営，発展に尽くすことが求められているのである。

一方，アメリカの私立大学における理事会は，いわゆる株主総会のようなものだとたとえる人が多い。アメリカ企業の株主総会で決議する必要があるのは役員の選任や解任のみで，決算や利益処分は取締役の役目だそうだ。そのようにアメリカでは，大学の理事者の主なる役目は学長の選任である。理事会に選ばれた学長は，自らも学内で唯一，理事会メンバーとしてのポストが確保されるが，大学運営に関しては，理事会にも教授会にも縛られず，独自の才覚と決断によって諸問題に対処することができるシステムになっている。

アメリカの大学の理事会は，かりに大学運営を教授だけに任せておくと，独善的かつ閉鎖的になりがちなため，外部から厳しく監視するといった意味合いが強いようである。そして大半の理事は母校の卒業生から選ばれることが多いが，他に職業をもっている場合がほとんどである。たとえば，州立大学なら，州知事や州議会議員，州内の有力者などで構成されているし，私立大学では，地元の銀行家とか法律家などが多い。

したがって理事者は，基本的に教育にまったくの素人であるから，教育問題そのものに関しては，ほぼノータッチである。ただし，日常は大学の外で活躍している人々で構成されているため，世間の動静に精通しており，世の中の変化に迅速かつ柔軟に対応する資質，能力に恵まれている。そのため，たとえば，アメリカの大学において企業との共同研究が盛んなのには，このような背景があることも確かで，日本の大学にない特徴とされている。

いずれにしても，アメリカの大学の学長は，企業のトップ経営者のような強

大な権限をもつわけで、責任が重い代わりに、わが国とは違ってカリスマ性を武器に、経営者としての手腕を存分に発揮することも可能である。

　これに対して、わが国の大学における理事会と教授会の関係は、近頃はだいぶ理事会がリードするケースも増えてはきたが、まだ教授会主導の運営が強く、理事会がこれを「追認」するというパターンが圧倒的に多い。わが国の大学では、アメリカのような学長のトップダウン方式をストレートに持ち込むことは風土的にも馴染まないし、また得策ともいえない。改革への意欲と柔軟な対応性さえあれば、これまで通り、教育の専門家集団である「教授会」が大学の教学運営を主導することはなんら不都合があるわけではないし、むしろ望ましいことである。

　ところで教授会の中にも、危機感をもって改革問題と真剣に取り組む多くの人たちがいるのはいうまでもないが、問題なのは全体的な雰囲気としてはまだ傍観者的立場での言動が多く、意識の低さが目についてならない。現行の組織運営体制で大学改革を成功させるには、教授会がこれまで以上に経営に対する意識と理解を深め、もっと当事者意識をもって教育にあたることが不可欠だと思うし、何をおいてもそのための意識改革が必要なのである。

事なかれ主義，サービス精神に欠ける事務組織

　大学は、文部科学省の監督下にあり、教育と公共サービスを提供する非営利組織であるため、どうしても事務が官僚的となりやすい。官僚制組織は、目的を達成するために、遂行すべき職能を分化・統合して仕事の分担関係、協働関係を整備した最も優れた合理的な組織といわれている。

　官僚制組織には、次のような特徴がある。

① 職務の体系が確立されるとともに、規則によって職務遂行に必要な権限が計画的に配分される。

② 職務の上下関係を示す階層が形成され、上位者が下位者に対する監督の関係によって、支配の秩序が確立している。

③ 職務は文書を手段として遂行され、そのための場として私生活と区分された事務所があり、公私が完全に分離される。

④職員は，専門的知識・能力に基づいて選別される。
⑤職員は職務に専従されることが要請される。
⑥職務は習得可能な規則に従って遂行されるので，規則に関する知識を学ばなければならない。

このように，官僚制組織は職務を担う人間を部品のようにみなし，機械のように迅速に，正確に，効率的に目的を達成できると考えられている。しかし，現実には正しく機能せず，職員は合理性に反した行動をとり，学校法人によくみられる逆機能の現象が発生する（官僚主義の悪弊）。すなわち，以下のような現象である。

①規則に沿った権限行使や職務遂行は，やがて規則を遵守することが目的化し，状況の変化に対応した弾力的な行動ができなくなる。そして，組織が硬直化する。
②専門化された職務を担当する職員は，これに与えられた権限・責任を根拠にして排他的となり，セクショナリズムに陥る。
③命令服従の階層化は，上位者の優越性を保障し，権限主義の温床になるとともに，下位者の意欲，革新性を抑え，事なかれ主義を醸成する。
④文書を中心とした職務は，文書の氾濫，処理手続きの煩雑化を招き，繁文縟礼となる。
⑤公私を分離しているようでありながら，規則の解釈次第では，職務の私物化，情実の介入をやりやすくする。

以上のように，官僚制組織に限りなく近い，学校法人の事務組織は，官僚制組織の弊害が現れた状態となり，合理的な組織どころか非効率かつ形式主義の組織となっているところが多い。

4　大学の経営

予算策定

　学校経営は年度開始に先立って策定された予算に基づいて行われる。また予算の実行結果としての資金収支や消費収支は当初の予算と対比する形で実行され，最終的に決算書に表示される。通常，予算策定時期においては，次年度入学者もほぼ決定しており，納付金収入予算はほぼ正確な金額を計上でき，関連予算もほぼ金額を確定できる。この点が一般の企業予算と大きく異なっている。

　経営上問題になるのは，予算策定が実務ベース（経理・財務担当がきめるいわゆる法人主導型予算）で行われ，教授会の意見をくみとった弾力性のあるものになっていなかったことである。予算策定時期には，人件費，教育研究費，管理経費など，重要項目について教員から意見を聴取し，教員・法人相互の意思疎通を図ってゆくことが，互いの信頼関係を築きあげるうえにも重要なことである。

3つの財務諸表

　予算が作成されると，それに基づいて予算の執行がなされる。その結果は資金収支計算書，消費収支計算書，貸借対照表の三つの財務諸表で報告されることになる。そしてそれぞれの大学の財務状態の分析が行われる。

　1970（昭和45）年度から「国庫の助成をうける法人は，文部省令に定める学校法人会計基準に基づいてその財政の内容を報告しなければならない」ということが決まった。そして，学校法人はその基準に基づいて財政の報告をまとめてきたが，1972年にこの会計基準に基づいた報告書がつくられるようになったという経緯がある。これは対政府との関係で強制されただけで，私立大学のもっている社会性から大学の内外に経理公開を行うという考え方とは本来無縁のものであった。つまり，国が財政の不足している私立大学に拠出（財政面でのサポート）してやる代わりに私立大学に財務報告をさせ，会計基準を通じてコントロールする役割をもつ，といった程度のものだった。したがって，当初

は資金収支報告書と貸借対照表の二本立ての会計報告で済ませていた。しかし，文部省の新しい会計基準で三本立ての報告書という現在のスタイルに定着するようになった。

資金収支計算書というのは，お金がどういうところからどれだけ入って，どういうところに出ていったか，そして期末にはどれだけ残っているかをあらわした表をいう。

消費収支計算書というのは，資金の収支ではなくて，消費収支という均衡状態，バランスがとれているかどうかということをみることを目的とした報告書ということになる。貸借対照表は学校法人の財政状態あるいは財産状態を表している表である。資産と負債と基本金というかたちでバランスを対比させている。

財務体質の比較

赤字なのによく学校がもっているな，という声をしばしば聞く。採算が確保されない時期が続くと，やはり人件費の削減，定年退職年齢の引き下げ，研究費のカット，赤字となっている学科の閉鎖など，事業の規模を縮小していかざるをえなくなると考えがちである。

実は，消費収支計算書にその問題を解く鍵がある。ここでは消費収支計算書の詳しい説明を避け，消費収支計算書がどのようなものであるかを次の雛形で説明しておくことにする。

消費収入の部のことを帰属収入という。帰属収入とは，どんな収入か。単に収入ということであれば，預金を引き出すとか，借金をするとかによっても，現金は増える。しかし，このような収入は，同時に他の財産が減少するかあるいは負債が増加するといった資産，負債だけの増減ですんでしまい，いわゆる「儲け」は生まれない。このような収入を中立的収入という。帰属収入とは，中立的収入ではなく，純増の収入となったものであり，現金などの資産を増加させることになるような収入，自己資金の増加となるような「儲け」を生む収入をいう。

上の例で帰属収入は15,499で，基本金組入額が2,588だから，消費収支収入

消費収支計算書

科目	決算額	科目	決算額
学生生徒等納付金	11,165	人件費	7,847
手数料	1,268	教育研究費	3,393
寄付金	330	管理経費	973
補助金	1,642	借入金等利息	396
資産運用収入	546	資産処分差額	59
資産売却差額	51	徴収不能引当金繰入額等	49
事業収入	116	消費支出の部合計	12,717
雑収入	381		
帰属収入合計	15,499		
基本金組入額	−2,588	当年度消費支出差額	194
消費収入の部合計	12,911	消費収支差額の部合計	194

組み替えられた消費収支計算書

科目	決算額	科目	決算額
学生生徒等納付金	11,165	人件費	7,847
手数料	1,268	教育研究費	3,393
寄付金	330	管理経費	973
補助金	1,642	借入金等利息	396
資産運用収入	546	資産処分差額	59
資産売却差額	51	徴収不能引当金繰入額	49
事業収入	116	消費収支差額	12,717
雑収入	381		
帰属収入合計	15,499	当年度収入超過額	2,782

は 12,911 となる。しかし，なぜ帰属収入から基本金組入額を差し引き，これを消費収入というのか，説得力のある説明ができない。そのために意味のある分析をするため特別に組み替えて行うケースをみることもある。

そこで，組み替えた収支計算書をつくってみた。

　　　帰属収入（15,499）－消費支出（12,717）＝収入超過額（2,782）

この収入超過額は，自己資金の増加となって，固定資産の投資に使われたり，運転資金を増やす資金源泉となっている（＊単位はすべて百万円）。

関係をみる比率分析

3点財務資料（資金収支計算書，消費収支計算書，貸借対照表）からできることは，数値を時系列に並べて分析を行う実績分析だけである。実績分析では過去からの変化を知ることはできるが，そもそもの項目の金額が全体に比べて大きいか小さいか，また規模の異なる他大学に比べて大きいのか小さいのかがわからない欠点がある。

そこで，その金額を比較できるように相対比し，他校との比較も可能にするのが比率分析である。比率とは，ある数値を他の数値と比較することをいうが，それには「過去との比較」が一番わかりやすい。これは，わかりやすくは，ある項目が過去からどのように変わったかという比較をいい，去年に比べて収入がどれだけ増えたか，図書の所有数がどれだけ増えたか，基本金がどれだけ増加したかという，いわば成長率とか増加率といわれるものである。経営分析では，これを趨勢分析と呼び，これを行う分析を趨勢分析とか時系列分析といっている。

「他の勘定科目との比較」というのもある。同時代のある勘定科目を別の勘定科目と比較する。つまり，ある勘定科目を別の勘定科目で割るというもので，普通これを経営比率分析と呼んでいる。これを消費収支計算書と貸借対照表でみると次のようになる。

(1) 消費収支計算書

　　①人件費比率＝人件費÷帰属収入，②人件費依存率＝人件費÷学生生徒等納付金，③教育研究費比率＝教育研究費÷帰属収入，④管理経費比率＝管理経費÷帰属収入，⑤借入金等利息比率＝借入金等利息÷帰属収入，⑥消費支出比率＝消費支出÷帰属収入，⑦学生生徒等納付金比率＝学生生徒納付金÷

帰属収入，⑧寄付金比率＝寄付金÷帰属収入，⑨補助金比率＝補助金÷帰属収入，⑩基本金組入率＝基本組入金額÷帰属収入，⑪減価償却比率＝減価償却額÷消費支出

(2) **貸借対照表**

①固定資産構成比率＝固定資産÷総資産，②流動資産構成比率＝流動資産÷総資産，③固定負債構成比率＝固定負債÷総資金，④流動負債構成比率＝流動負債÷総資金，⑤自己資金構成比率＝自己資金÷総資金，⑥消費収支差額構成比率＝消費収支差額÷総資金，⑦固定比率＝固定資産÷自己資金，⑧固定長期適合率＝固定資産÷自己資金＋固定負債，⑨流動比率＝流動資産÷流動負債，⑩総負債率＝総負債÷総資産，⑪負債比率＝総負債÷自己資金，⑫退職給与引当預金率＝退職給与引当特別預金（資産）÷退職給与引当金，⑬減価償却比率＝減価償却累計額÷取得減価

（消費収支計算書に関する12の比率のうち9項目が，ある支出，収入項目を帰属収入で割った比率である。そのほかの3項目も，ある支出項目を他の支出収入項目で割った値である。）

いずれにせよ，学校法人の財務分析は，非営利組織であるため企業会計にはなじまず，文献も少ない。学校法人会計基準に基づいて会計処理されることから，財務体質の違いは営利組織ほどはっきりしない。とくに収益を上げることを目的としない組織だけに，財務体質は似通っているといってもよい。しかし，近年大きく経営状況が変わってきたなかで，大学間格差は目立ち始めてきている。それが，財務上どのように変化しているのかを経営の好調な大学と，不振な大学とで比較してみる。

(3) **事業報告書**

最後にステークホルダーが大学の経営状態を判断するために欠かすことのできない事業報告書についてその雛形を参考までに記載してあげておいた。

決算の概要

1 資金収支計算書

総括表

(単位：百万円)

	科　　目	予　算	決　算	差　異
収入の部	学生生徒等納付金収入	30,769	30,605	164
	手　数　料　収　入	480	462	18
	寄　付　金　収　入	16	17	△1
	補　助　金　収　入	1,701	1,668	33
	資　産　運　用　収　入	253	243	10
	資　産　売　却　収　入	500	500	0
	事　業　収　入	244	237	7
	雑　　　収　　　入	311	336	△25
	借　入　金　等　収　入	3,755	3,755	0
	前　受　金　収　入	4,440	4,522	△82
	そ　の　他　の　収　入	410	452	△42
	資　金　収　入　調　整　勘　定	△4,827	△4,817	△10
前 年 度 繰 越 支 払 資 金		7,290	7,290	
収　入　の　部　合　計		45,342	45,270	72
支出の部	人　件　費　支　出	19,530	19,619	△89
	教　育　研　究　経　費　支　出	9,034	8,548	486
	管　理　経　費　支　出	2,132	2,050	82
	借　入　金　等　利　息　支　出	156	156	0
	借　入　金　等　返　済　支　出	500	500	0
	施　設　関　係　支　出	5,835	5,772	63
	設　備　関　係　支　出	373	417	△44
	資　産　運　用　支　出	1,001	1,002	△1
	そ　の　他　の　支　出	1,026	1,042	△16
	資　金　支　出　調　整　勘　定	△1,039	△1,036	△3
次 年 度 繰 越 支 払 資 金		6,794	7,200	△406
支　出　の　部　合　計		45,342	45,270	72

(注) 表中の金額は，百万円未満を四捨五入しているため，合計などの額が計算上一致しない場合があります。以下の表についても同様です。

2 消費収支計算書
総括表

(単位:百万円)

科目		予算	決算	差異
消費収入の部	学生生徒等納付金収入	30,769	30,605	164
	手数料	480	462	18
	寄付金	31	33	△ 2
	補助金	1,701	1,668	33
	資産運用収入	253	243	10
	資産売却差額	0	0	0
	事業収入	244	237	7
	雑収入	311	344	△ 33
帰属収入合計		33,789	33,592	197
基本金組入額合計		△ 3,003	△ 2,717	△ 286
消費収入の部合計		30,786	30,875	△ 89
消費支出の部	人件費	19,293	19,371	△ 78
	(うち教員人件費)	10,952	10,945	7
	(うち職員人件費)	8,145	8,142	3
	教育研究経費	10,889	10,354	535
	(うち減価償却額)	3,855	3,805	50
	管理経費	2,469	2,385	84
	(うち減価償却額)	337	331	6
	借入金等利息	156	156	0
	資産処分差額	50	48	2
	微収不能引当金繰入額等	70	113	△ 43
消費支出の部合計		32,927	32,427	500
当年度消費支出超過額		2,141	1,552	
前年度繰越消費支出超過		8,173	8,173	
翌年度繰越消費支出超過額		10,314	9,725	

3 貸借対照表

総括表　　　　　　　　　　　　　　　　　　　　　　（単位：百万円）

科目		本年度末	前年度末	増減
資産の部	固定資産	111,846	111,745	101
	有形固定資産	83,325	79,295	4,030
	その他の固定資産	10,522	32,451	△ 3,929
	流動資産	18,484	15,267	3,217
	現金預金	7,200	7,290	△ 90
	合計	130,330	127,012	3,318
負債の部	固定負債	10,949	7,936	3,013
	流動負債	9,198	9,058	140
	合計	20,147	16,994	3,153
基本金の部合計		119,908	118,191	1,717
消費収支差額の部合計		△ 9,725	△ 8,173	△ 1,552
自己資産		110,183	110,018	165
総資産		130,330	127,012	3,318

＊自己資産＝基本金＋消費収支差額
＊総資産＝負債＋基本金＋消費収入差額

参考

	本年度末	前年度末	増減
減価償却額の累計額	25,152	23,231	1,921
基本金未組入額	8,771	5,537	3,234

〈各計算書記載上の留意点〉

　増減の理由は詳細に書くことが重要である。というのも大学をとりまくステークホルダーは，この増減理由にもっとも関心をもっているからである。なかでも貸借対照表は大学の財産の内容を示していることから大学の経営内容を分析し，独自の判断をくだす資料となっている。このことから，ここへの記入は増減変化の理由をわかり易く，しかも箇条書きに丁寧に書き込むことが望まれるのである。

注
(1) サブタイトル「競争的環境の中で個性が輝く大学」
(2) それぞれの使命があいまいとなり，本来の使命を見失っている。また「産学連携」を推進するあまり，大学の研究と産業界のそれとの区別がつきにくくなった。すなわち大学が企業化したのである（大学の研究者と企業の実務家との区別をなくすことになる）。

引用・参考文献
赤塚和俊（2001）『学校法人の決算書の読み方』ぎょうせい
あずさ監査法人編著（2004）『学校法人会計の実務』(第2版)，中央経済社
『学校法人会計』(1998) ぎょうせい
『国士舘大学教員組合報121号［2005年3月号］』(2005)
国庫助成に関する私立大学教授会・関東連絡協議会研究資料（1996）『私立大学財政の現状と将来』No.42.
野中郁江他（2001）『私立大学の財政分析ができる本』大月書店
リクルート社（2003）「いま，学校経営にとって学校法人とは何か」『カレッジマネジメント』120号
吉武博通（2005）「社会における大学とは何か」『カレッジマネジメント』リクルート社，122号

エピローグ

　本書の執筆は，永野孝和先生と日頃親交をもっていた政経学部経営学科の有志が，『マネジメントからの発想―社会問題へのアプローチ』という大きなテーマを掲げて集まり，自らの研究領域に関する基礎概念の整理を行いながら，最新のトピックを調査することによって進められました。「日本の生産システム」と「CSR経営の展開」に関しては，政経学部内に専門家が不在であるため，他大学の先生に応援を求めました。ご執筆いただいた先生方には深く感謝申し上げます。こうして7人の執筆者の思いがひとつにまとまり，本書が完成したことをたいへんうれしく思っております。一つの大きなテーマに対して自分の専門の視点からアプローチし，それを平易に記述するというトレーニングは，研究者がさらに飛躍するために有意義なことであり，われわれ執筆者一同はたいへん勉強になりました。こうした機会を与えてくださった永野先生には感謝申し上げる次第です。

　経営学の学問としての存在目的は「経営組織体の最大利潤獲得」であるという見方があります。これは「企業は株主の利益を最大化するために存在する」という論理につながっているように思います。しかし，これだけを目的とする経営学研究に対しては疑問が投げかけられ，現代は社会の問題解決のために企業が積極的に貢献することが強く求められる時代となっております。良い製品を安く消費者に対して提供することによって企業は社会に貢献しているという論理だけでは，もはや通用しなくなっております。社会の問題解決への取り組みは，経営組織体の最大利潤獲得とともに経営学研究の重要目的になっているといえるでしょう。すなわち，この2つが車の両輪として経営学の学問としての存在目的を支えているといえます。

　本書では，全体を通してこのコンセプトを重視してまいりました。本書を通して，経営学と社会問題との関わりについて関心を深められる読者がますます増えていくことを執筆者一同，心から願っております。

最後になりましたが，本書の出版にあたり大きなお力添えをいただいた学文社の三原多津夫氏に対して心から御礼申し上げます。

　2005年12月

執筆者を代表して　所　正文

索　引

あ

IR　94
アウトソーシング　38,182
アメリカ・マーケティング協会　17
アンカー　195
安全性分析　101,111
安定化　72
アンドン　58
委員会等設置会社　82
生き方モデル　198
イギリス教育・技能省　188
異時自己比較分析　102
出光興産　87
EBITDA倍率　174
EVA　94,119
意味　134
インターネット取引　93
Wilcoxonの順位和検定　155
ウインドフォール（利益還元）税　187
ウォールストリート・ルール　93
失われた10年　164
内段取り　67
売上債権回転率　110
売上総利益　105
売上高研究費比率　115
売上高成長率　115
売上高営業利益率　109
売り手市場　40
営業利益　105,109
AMA　10
エクイティ・ファイナンス　90
エージェンシー理論　143
SBU　21
EDINET　103
M&A　163
MECE　20
MBI　166
MBO　166
LLC　84
LBO　165
エンロン事件　151
黄金株　178

横断的市場　34
OJT　36
Option　187

か

買入債務回転率　110
会計参与　95
外国人株主　92,179
会社コミットメント　44
会社人間　33
会社分割制度　160
改善活動　62
改善能力　72
ガイダンス　196
買い手市場　40
回転期間　109
回転率　109
外部監査　81
外部分析　100
カウンセリング　188,196
価格　24,29
科学的管理法　62
加重平均資本コスト　173
学校教育法　202
学校法人　201
　　——会計基準　218
家庭教育　197
カテゴリカルデータ　104
金型交換　66
金のなる木　15
カーブアウト　166
株式会社　78
株式交換制度　160
株式市場　85
株式の上場　85
株主　78
　　——権　78
　　——資本利益率　94,108
　　——総会　80
カリフォルニア州職員退職年金基金　93
間隔尺度　104
環境性　126
関係比率分析　103

226　索　引

監査役　80
　——設置会社　80,82
緩衝　72
かんばん方式　60
管理会計　201
官僚制組織　212
機会損失　55
幾何平均　115
機関投資家　93
企業統治　143
企業の社会的責任　146
企業別労働組合　35
企業価値分析　119
希少性　132
規制緩和　204
帰属収入　215
キャッシュフロー　59,172
　——分析　118
キャリア・アンカー　194
キャリア・デザイン　196
キャリア教育　192,195
旧財閥系企業集団　87
教育重視　206
共益権　78
供給連鎖　68
教授会　207
京都議定書　124
業務執行　81
共有された文脈　134
銀行系企業集団　87
均衡分析　103
金融の自由化　90
グアンシー　183
クラウン・ジュエル　178
クロスセクション・データ　154
グローバリゼーション　123
グローバル・コンパクト　124
グローバル・スタンダード　36,49,182
経営家族主義　41,48
　——的　45
経営監督　81
経営機構　80
経営資源　123,164
経営成績　101
経営戦略　127
経営内労働秩序　47
経営分析　99
経験曲線　15

経済性　126
経常収支比率　112
経常利益　106
継続企業　179
Gateway　186
ゲゼルシャフト　48
ゲマインシャフト　48
小糸製作所　168
公開会社　85
合資会社　78
公正取引委員会　87
構成比率分析　103
合同会社　84
高度経済成長　34
合名会社　77,83
個人株主　93
個人企業　76
護送船団方式　37
固定資産　106
固定長期適合率　112
固定比率　112
古典派経済学　13
コネクションズ・サービス　188
　——・ナショナル・ユニット　188
コーポレート・ガバナンス　76,143
ゴールデン・パラシュート　178
コングロマリット　171
コンプライアンス　129,160

さ

サイクルタイム　54
在庫　59
最終組立工程　64
財政状態　101
最低資本金制度　84
最低賃金制　186
財閥企業　165
財務諸表　101
　——分析　99
財務資料分析　101
財務的データ　100
財務パフォーマンス　126
サイレント・パートナー　88
差額分析　103
サービス　27
サプライヤー管理　68
三角合併　167
産学連携　202

索引 **227**

産業カウンセラー　46
産業革命　34
産業活力再生特別法　164
算術平均　115
3種の神器　35
サントリー　87
CSR　122
COE　202
CCISs　188
CVP分析　116
JMA　11
自益権　78
時価会計　92
私企業　75
事業売却　163
事業分割　163
資金収支計算書　215
資源ベースの企業観　132
自己実績分析　102
自己資本　106
　──利益率　108
自殺者　46
資産の時価・簿価比率（MB）　154
市場経済主義　37
市場シェア・マトリックス　15
自然人　77
実学　203
執行役員制　80,82,149
実数分析　102
質の経営　122
質的データ　104
自動織機　72
自働化　57
資本回収（点）分析　103,117
資本回転率　110
資本生産性　114
資本成長率　115
資本利益率　108
社会科学系学生　192
社会革新　130
社会志向企業　130,131
社会性　126
社会的責任投資　160
社会的責任論　125
社外取締役　83,149
ジャスダック　86
ジャスト・イン・タイム　57
社長会　88

ジャック・ボンド　170
収益性分析　101,107
終身雇用　183
　──慣行　35
儒教文化　49,183
旬オーダー　69
順序尺度　104
純粋持株会社　164
純付加価値　113
生涯賃金　184
証券取引所　86
消費収支計算書　215
商法改正　158,164
商法第二編　77,83
商法特例法　83,95
常務会　82
職業訓練　189
ジョブ・カフェ　191
ジョブ・パスポート制　191
進化能力（能力構築能力）　72
新株引受権方式　152
新株予約権制度　148
新規学卒　38
人口減少時代　181
人口統計的要因　21
人材派遣　38
新製品比率　115
人的会社　78
人的資源管理　33,47
心理カウンセラー　46
趨勢比率分析　103
数値分析　102
スタン・スチュワート社　119
スティール・パートナーズ　175
ステークホルダー　100,131,144,145,201
ストック・オプション制度　144,151
スピンオフ　166
スプリットオフ　166
SWOT　14,15
政策　27
生産管理　52,54
　──システム　51
生産技術システム　51
生産計画　54
生産性　112
成熟市場　17
静態的能力　72
静的分析　102

228　索　引

税引前当期（純）利益　106
製品　24,27
　　——化率　57
　　——ライフサイクル　68
西武鉄道　131
世界の工場　159
セゾン　168
設備投資効率　114
セーフティーネット　186
攻めのCSR　130
世論　27
全国証券取引所　91
戦争論　15
成長性分析　101
専門職制度　38
専門職大学院　202
戦略オプション　22
戦略的フィランソロピー　129
総会屋　81,95
綜合　134
総資本営業利益率　147
総資本利益率　108
組織コミットメント　33
組織能力　132
組織風土　44
ソーシャル・サポート　45
外段取り　67
ソニー　82,148,168
ソフトバンク・インベストメント　176
損益計算書　101,105
損益分岐（点）分析　103,116

た

大学改革　201
大学進学率　36
大学審議会　202,206
大学設置基準　204
大学のベンチャー　202
大規模小売店舗法　167
貸借対照表　101,215
代表取締役　80
大和證券　165
　　——SMBC　152
ダウンサイジング　182
タクトタイム　52
立ち会い外取引　177
脱会社人間　33,39
棚卸資産　106

　　——回転率　111
多品種少量生産　63
単元株制度　92
男女雇用機会均等法　37
単属的なコミットメント　40
段取り時間のシングル化　73
段取り費用　66
治安維持法　34
治安警察法　34
知識　132
　　——創造モデル　132
　　——ベースの企業観　133
父親によるキャリア支援　198
知的熟練　72
中央教育審議会　196
中核的労働者　36
中間労働市場　38
中小企業白書　1
中立的な収入　215
調整　72
直接金融　89
TOB　166
T型フォード　56
定款　78
DCF法　170
定年　35
デイリー・オーダー　69
敵対的な企業買収　87
敵対的買収　167,175
テクニカルコア　54,71
テニュア　207
デューデリジェンス　174
店頭市場　86
同一時期相互比較分析　102
同一労働同一賃金　189
当期（純）利益　106
東京証券取引所　86,148
当座資産　106
当座比率　111
動的分析　102
独占禁止法　165
トップダウン方式　212
富の分配　185
トヨタ生産方式　51,57
トライアル雇用　191
取締役会　80
トリプル・ボトム・ライン　125

な

ナイキ社　138
内部分析　100
内部労働市場　39
NEEDS　154
ニッセイ基礎研究所　90
ニッポン放送　176
ニート　182,187
日本キャリア・デザイン学会　196
日本マーケティング協会　11
ニューディール政策　186
年功秩序　35
年俸制　38
野村総合研究所　128

は

バイアウト・ファンド　166
配給論　10
ハイブリッド経営　37
バウチャー制度　191
パーソナルアドバイザー　188
パターナリズム的社会　48
パックマン・ディフェンス　178
パッケージング　27
発行市場　85
バッチサイズ　66
花形　16
販売店管理　69
場　134
PPM　15,130
PEファンド　171
非公開会社　85
非財務資料分析　101
非財務的データ　100
非上場企業　165
日立製作所　190
ヒューマンエラー　58
標準比率分析　103
比(率)尺度　104
比率分析　102
比例割当法　40
フィランソロピー　123
フォード　122
　　──・システム　62
　　──社　56
Follow through　187
福祉から労働へ　186

複属的なコミットメント　40
福利厚生　38
富士通　168
フジテレビジョン　176
プッシュ・システム　59
物的会社　78
負の財　185
フリーター　182
フリー・ライダー問題　153
ブリヂストン　168
不良債権　92
プル・システム　60
フレックスタイム制　39
フレームワーク　21
プロダクト・アウトのモデル　13
プロディシーズ　28
プロの失業者　186
プロモーション　24,28
平準化　63
兵法　15
ヘラクレス　86
弁証法　133
ベンチャー企業　84
　　──家　182
ポイズン・ピル　177
法人格　76
法人主導型予算　214
ポカよけ　58
ボーダフォン　167
ポートフォリオ戦略　130
ポートフォリオ分析　15
ボトルネック　54,71
ホームレス　185

ま

負け犬　16
マーケット・インモデル　13
マーケティング　9,10
　　──・マネジャー　9
　　──・ミックス　9
マザーズ　86
マスプロ教育　194
マッキンゼー　20
松下電器産業　38,122,168,190
守りのCSR　130
三菱自動車　131
三菱地所　168
ミリオネアー　185

無限責任　77
　　──社員　78
名義尺度　104
名目賃金　43
メインバンク　89
メガ・コンペティション　204
メセナ　123
メンタルヘルス　45
持株会社　90,165
問題児　16

や
ヤング・ジョブスポット　191
有限会社法　77,83
有限責任社員　78
優勝劣敗化　185
有配偶者率　184
優良企業　126
ゆりかごから墓場まで　186

ら
ライフスタイル　21,36
ライブドア　176
利益獲得能力　101,108
利益成長率　115
利害関係者　11

理事会　208
リスク社会　185
リストラクチャリング　163
リードタイム　52
流通　24,28
　　──市場　85
流動資産　106
流動比率　111
量的経営　121
量的データ　104
類似会社比準法　173
レコフ　170
レバレッジ（てこ）効果　165
労働組合　43,47
労働生産性　113,114
労務管理　47
ロジックツリー　22
ロースクール　203
ローマクラブ　138

わ
若者自立塾　191
若者自立・挑戦プラン　191,197
ワークシェアリング　186,189
ワッセナー合意　189

執筆者プロフィール

●永野孝和　国士舘大学・政経学部・教授〈編著者〉

［専攻分野］マーケティング論，経営学総論，企業分析論
【第1章，第10章を執筆】
1936年生，青山学院大学大学院・経営学研究科・修士課程修了
米国加州 Union University Ph. D. in Business Administration
［主要著書・論文］
『マーケティング論入門』八千代出版（1999）〈編著〉
『21世紀の展望』国士舘大学政経学会（2001）〈共著〉

●所　正文　国士舘大学・政経学部・教授

［専攻分野］産業・組織心理学，人的資源管理論
【第2章，第9章を執筆】
1957年生，早稲田大学第一文学部卒業
早稲田大学大学院・文学研究科・博士課程前期修了
1994年 博士（文学，早稲田大学）
［主要著書・論文］
『働く者の生涯発達：働くことと生きること』白桃書房（2002）〈単著〉
"The shift towards American-style human resource management systems and the transformation of workers' attitudes at Japanese firms", Asian Business & Management, 4（2005）

●小沢　浩　東北大学大学院・経済学研究科・助教授

［専攻分野］原価計算論，生産管理論
【第3章を執筆】
1969年生，名古屋大学経済学部卒業
名古屋大学大学院・経済学研究科・博士課程単位取得退学
2000年 博士（経済学，名古屋大学）
［主要著書・論文］
"Stable Production and Dealer Management in Just-In-Time", Collected papers of AAAA2002 in Nagoya（2002）
「セル生産による生産性増大の原理」組織科学，38（2005）

●三輪晋也　国士舘大学・政経学部・助教授

［専攻分野］企業論，経営財務論
【第4章，第7章を執筆】
1969年生，一橋大学商学部卒業
一橋大学大学院・商学研究科・博士課程単位取得退学
［主要著書・論文］
「ストック・オプション制と企業業績」平成11-13年度科学研究費補助金基盤研究『ライフスタイルの変化と企業の革新に関する経営学的研究』所収論文（2001）
「ストック・オプション制と企業価値」経営財務研究，23（2005）

●井岡大度　国士舘大学・政経学部・助教授

［専攻分野］経営分析論　【第5章を執筆】
1956年生，東京理科大学工学部第1部卒業
東京理科大学大学院・理工学研究科・博士課程退学
［主要著書・論文］
『管理会計学テキスト（第3版）』税務経理協会（2003）〈共著〉
「管理・サービス業務における活動基準原価計算」経理研究，48（2005）

●所　伸之　玉川大学・経営学部・助教授

［専攻分野］環境経営論，経営組織論
【第6章を執筆】
1960年生，中央大学経済学部卒業
中央大学大学院・商学研究科・博士課程単位取得退学
1997年 博士（経営学，中央大学）
［主要著書・論文］
『進化する環境経営』税務経理協会（2005）〈単著〉
「CSRと企業価値」サステイナブル・マネジメント誌，4（2005）

●白銀良三　国士舘大学・政経学部・教授

［専攻分野］経営財務論　【第8章を執筆】
1950年生，立教大学経済学部卒業
青山学院大学大学院・経営学研究科・博士課程単位取得退学
［主要著書・論文］
『経営財務と企業評価』同文舘（1996）〈共著〉
『経営財務』八千代出版（2000）〈共著〉

マネジメントからの発想
──社会問題へのアプローチ──

2006年2月25日　第1版第1刷発行

編著者　永野　孝和

発行者　田中　千津子　〒153-0064　東京都目黒区下目黒3-6-1
　　　　　　　　　　　　電話　03 (3715) 1501 (代)
　　　　　　　　　　　　FAX　03 (3715) 2012
発行所　株式会社 学文社
　　　　　　　　　　　　http://www.gakubunsha.com

Ⓒ Takakazu NAGANO 2006　　　印刷所　新灯印刷
　　　　　　　　　　　　　　　　製本所　小泉企画

乱丁・落丁の場合は本社でお取替えします。
定価は売上カード，カバーに表示。

ISBN4-7620-1507-5

大驛 潤著 **競 争 と 協 力** ——情報通信技術・流通・NPO—— A5判 168頁 定価 2310円	情報通信技術（ICT）の革新は，流通にどのような影響を与えたのか，マーケティング理論を再考。流通の変容を理論的に分析し，企業のICT活用の実践，消費行動に向けて持ち得る含意と可能性を検討する。 1333-1 C3034
藤芳誠一監修 **最新 経営学用語辞典** 四六判 350頁 定価 2548円	経営学の時代的特質を浮彫りにしながらアップ・ツゥ・デイトな経営問題をわかりやすく解説。100名を超える第一級の執筆陣を擁し，735項目を収載。学生からビジネスマンまで必携のハンディ辞典。 0519-0 C3034
佐久間信夫編集代表 **現代経営用語の基礎知識〔増補版〕** 四六判 388頁 定価 2625円	経営学の基礎的用語の中でもIT技術関連，企業統治，企業倫理，企業と環境，国際経営などの領域の用語項目の比率を高くした用語辞典。経営学を初めて学ぶ人から，ビジネスマン，研究者にも役立つ。 1440-0 C3034
平野文彦著 **賃金管理の基本と課題** A5判 193頁 定価 2415円	賃金管理上，必要な基本と課題を確かめつつ，賃金制度の改善の方途を現実の資料を踏まえて示そうとした。経営者または労働組合として意思決定にあたり，どの様な基本的な考え方や選択肢があるかを説いた。 0909-1 C3034
森本三男著 **現代経営組織論〔第二版〕** A5判 296頁 定価 3465円	経営組織の意義と問題領域，研究の趨勢，組織の進化的変容の理論モデルを概説し，さらに戦略・組織の適合を軸にした構造論および文化を集約化した行動論に言及したもので，高い水準を盛り込んだテキスト。 1072-3 C3034
藤芳研究室編 **ビジョナリー経営学** A5判 192頁 定価 2625円	景気回復の兆しの見えない日本経済。グローバル化のなかで日本の企業経営はどこへむかうのか。この激動の新世紀にこたえる経営学として目標定立的（ビジョナリー）経営学を提唱。入門書にも最適。 1183-5 C3034
岩内亮一・梶原豊編著 **現代の人的資源管理** A5判 212頁 定価 2205円	人的資源管理の理論的考察を試みる章，企業従業員の職業意識と組織コミットメントに関する章，企業の人的資源管理施策の実態を扱う章から成る。各領域の固有の問題を基礎に様々な問題点を摘出・考察した。 1320-X C3034
宮城大学事業構想学研究会編 **事業構想学入門** A5判 192頁 定価 1890円	事業を成功させるには，豊かな発想力，構想力，それを備えた人材が必要である。時代のニーズである事業構想力。事業の着想・計画・実現・運営の諸課程を研究対象とし，学問的体系化を図った入門書。 1201-7 C3034